Verstehen und Vermitteln
Sprachdidaktische Aufsätze

Sprachwissen 6

Die Grüne Reihe
herausgegeben von Bernd Ulrich Biere

Bernd Ulrich Biere

Verstehen und Vermitteln

Sprachdidaktische Aufsätze

mykum
Taschenbuch

Bibliografische Information der Deutschen Nationalbibliothek

Die Deutsche Nationalbibliothek verzeichnet diese Publikation in der Deutschen Nationalbibliografie; detaillierte bibliografische Daten sind im Internet über http://dnb.dnb.de abrufbar.

Auf der Bornau 29
56321 Brey
GERMANY

Druck und Endverarbeitung:

Books on Demand (BoD) GmbH
In de Tarpen 42
22848 Norderstedt

Printed in Germany

ISBN 978-3-9819884-6-8

Inhalt

0 Vorwort

Im vorliegenden Band 6 der *Sprachwissen*-Reihe habe ich (nach den sprachtheoretischen und sprachwissenschaftlichen Aufsätzen in Band 5) eine Reihe meiner sprach*didaktischen* Aufsätze zusammengestellt.

Dazu gesellen sich zwei eher literaturdidaktische Beiträge zur Migrantenliteratur bzw. zum interkulturellen Lernen und zur grundsätzlichen Frage in Bezug auf Trivialliteratur, was eigentlich überhaupt ‚trivial' ist. Den letzten Beitrag zu zwei Prozeduren der Textbearbeitung (Kürzen und Korrigieren) habe ich aufgenommen, weil es hierbei zweifelsohne um eine zentrale und in jedem Fall sprachdidaktisch zu vermittelnde Arbeit an (eigenen oder fremden) Texten geht.

Einige Beiträge (insbes. Beitrag 3) sind nicht nur einer Didaktik des (muttersprachlichen) Deutschunterrichts im engeren Sinn verpflichtet, sondern auch fremdsprachendidaktisch orientiert. Dies gilt auch für Impulse zum interkulturellen Lernen, die ihren Platz sowohl im Deutschunterricht wie auch im Unterricht des Deutschen als Fremdsprache haben sollten.

Am Ende der einzelnen Beiträge ist jeweils angegeben, wo diese zuerst erschienen sind. Der Beitrag 2 zur Aufsatz- und Schreibdidaktik ist ein Originalbeitrag, der im Kontext eines von der Universität Koblenz-Landau geförderten Kooperationsprojekts von Sprachdidaktik und empirischer Psychologie (Frau Prof. Dr. Rustemeyer) entstanden ist.

Brey, im Dezember 2018

1 Fachdidaktik als Transferwissenschaft

Die Fachdidaktik ‚leidet' immer noch und immer wieder unter dem Verdacht, keine (richtige) Wissenschaft zu sein. Sprechen wir doch stets von den Fachwissenschaften, in unserem Fall von der Neueren Deutschen Literaturwissenschaft und der Germanistischen Linguistik, als den Bezugswissenschaften der Fachdidaktik Deutsch auf der einen Seite und dann eben von der Fachdidaktik auf der anderen Seite, die sich zwar dieser (und anderer) Bezugswissenschaften gewissermaßen bedient, aber deshalb selbst nicht unbedingt eine Wissenschaft sein muss. Dennoch genießt die Fachdidaktik mindestens eine Art institutioneller Anerkennung als Wissenschaft, wenn sie an Germanistischen Instituten mit eigenen Professuren für Didaktik der deutschen Sprache und Literatur vertreten ist, gleichberechtigt neben den sog. Fachwissenschaften, wie wir sie durchgängig an allen Germanistischen Instituten vorfinden, auch wenn diese keine Lehrerausbildung betreiben.

Ist dann die Fachdidaktik Deutsch ein Spezifikum der Lehrerausbildung? – In einem engen Verständnis von Fachdidaktik scheint dies tatsächlich so zu sein. In einem weiteren Verständnis von Fachdidaktik muss dies nicht zwangsläufig so sein. Wenn wir nämlich Didaktik und dann auch die Fachdidaktiken als Theorien des Lehrens und Lernens, in unserem Fall im Bereich der muttersprachlichen Bildung und der deutschen Literatur, verstehen, können wir uns zweifellos vorstellen, dass solches Lehren und Lernen nicht nur im schulischen Kontext stattfinden kann, dass es mithin auch andere Tätigkeitsbereiche gibt für diejenigen, die sich mit Vermittlungsprozessen im Bereich des sprachlichen und literarischen Lernens beschäftigen,

Dementsprechend möchte ich die Fachdidaktik Deutsch in einem weiteren Sinn als eine „Vermittlungswissenschaft" verstehen, die es mit der Vermittlung von Wissen sowie von Fähigkeiten und Fertigkeiten, von Kompetenzen, wie wir gerade heute im Zusammenhang mit der Begründung von „Bildungsstandards" wieder sagen, im Bereich der deutschen Sprache und Literatur zu tun hat.

Wollen wir es etwas ambitionierter ausdrücken, ist die Fachdidaktik Deutsch, wie andere Fachdidaktiken auch, und doch in einem besonderen Sinn, eine „Transferwissenschaft". In einem besonderen Sinn deshalb, weil wir es in der Fachdidaktik Deutsch nicht nur mit Sprache als Medium der Vermittlung zu tun haben, sondern Sprache (und Literatur) zugleich der Gegenstand sind, das, was es zu vermitteln gilt. Diese Spannung, in der sich Gegenstand und Medium vermischen, auszuhalten, ist an und für sich kein besonderes Problem, denn sie ist in dem begründet, was natürliche Sprachen ausmacht, im Gegensatz zu Kunstsprachen oder zur „Sprache" der Bienen oder Ameisen, die genau in diesem Sinn keine „Sprache" haben, auch wenn sie in einem gewissen Sinn (nämlich im Sinn eines genetischen Programms, das sie nicht erst lernen müssen) miteinander „kommunizieren". Das Wesen natürlicher Sprachen liegt einerseits in ihrer historischen Veränderbarkeit, andererseits aber vor allen Dingen in ihrer Reflexivität. Darin also, dass natürliche Sprachen gleichzeitig ihre eigenen Metasprachen sind, die es uns ermöglichen, in der natürlichen Sprache nicht nur über Gegenstände und Sachverhalte in der Welt, über uns und andere, sondern eben auch über Sprache und Kommunikation zu reden: Mithilfe der Sprache – womit sonst – können wir über Sprache reflektieren, sie verändern oder in andere Sprachen übersetzen, sie anpassen an die unterschiedlichsten Kommunikationsbedürfnisse, sie „transformieren".

Heißt das nun, wir können das Gleiche immer auch mit anderen Worten sagen, vielleicht sogar so, dass unsere Gesprächspartner oder die Rezipienten unserer Äußerungen, unsere Texte optimal verstehen? - In einem bestimmten Sinn könnten wir den Begriff des Transfers so verstehen. Aber ich habe jetzt nicht von *Transfer*, sondern von *transformieren* gesprochen. Macht das einen Unterschied? Wir transferieren Geld auf ein anderes Konto. Dabei können wir es auch gleich in eine andere Währung konvertieren, wobei es aber in der Regel nicht mehr wird, sondern eben nur nach dem jeweiligen Wechselkurs umgetauscht, gewechselt wird. Aber das Gleiche bleibt es vielleicht doch nicht. Je nachdem, wo Sie das Geld ausgeben, hat es eine unterschiedliche Kaufkraft, es passt sich sozusagen den Lebensverhältnissen an. Mal ist die Schokolade teurer und das Bier billiger, dann ist es wieder umgekehrt. Solche Unterschiede spüren Sie selbst in der Euro-Zone, wo doch in gleicher Währung abgerechnet wird. Es scheint also auch dort Unterschiede zu geben, wo auf den ersten Blick alles gleichgeblieben ist. Sie reisen durch Europa und fühlen sich „wie zu Hause“, dann plötzlich fühlen Sie sich wieder fremd, verstehen die Welt nicht mehr, selbst wenn Sie die Sprache verstehen. Und wenn Sie dann wieder zuhause sind – das ist das befremdlichste – verstehen Sie die Welt manchmal auch nicht mehr.

Wovon reden wir jetzt eigentlich? Hätte ich mich nicht bemühen sollen, das worüber ich sprechen möchte, verständlich zu machen? Da sind wir schon wieder bei Transfer und Transformation. Muss die Fachdidaktik, wenn sie sich als Wissenschaft der Fachdidaktik versteht, erst einmal, wie jede gute Wissenschaft, unverständlich sein? Das ist keine ganz unsinnige Frage. Denn mit dem Unverständlichen hat es Wissenschaft ja tatsächlich zu tun. Allerdings als Ausgangspunkt, nicht als Ziel. Das, was wir verstanden haben, brauchen wir nicht weiter zu untersuchen, aber manchmal sind wir durchaus unsicher, ob wir etwas richtig verstanden haben, und dann fangen wir noch einmal von vorn an. Unsicherheit – und nicht Sicherheit - ist nach meinem Verständnis ein wesentliches Merkmal von Wissenschaft. Wer nicht mehr „unsicher“ ist, ist kein Wissenschaftler mehr, kein Philologe, sondern ein Ideologe. Ideologien versprechen Sicherheit, Wissenschaft in gewissem Sinn zwar auch, aber nur so, dass alle unseren vermeintlichen Sicherheiten immer wieder in Frage gestellt werden können, dass wir bereit sind zu lernen und dabei eben auch das, was wir schon gelernt haben, wieder in Frage zu stellen, es (zumindest probeweise) durch eine andere Brille, aus einer anderen Perspektive zu sehen.

Also noch einmal: Wovon reden wir jetzt eigentlich? – Davon, dass etwas in einer bestimmten Hinsicht als das Gleiche und in einer anderen Hinsicht doch als verschieden oder gar fremd erscheinen kann. Und wir fragen uns, ob manches, von dem wir denken, es bleibt gleich, wenn wir es verändern, sich dabei nicht doch mehr verändert als wir denken. Also davon, dass wir zumindest nicht ganz so sicher sein können oder sollten. Und schließlich davon, dass es in genau diesem Zusammenhang letztlich darum geht, was wir wie weit verstehen und was wir auf welche Weise wie weit verständlich machen können, um z.B. Lernprozesse zu „optimieren“. Damit sind wir wieder in der fachdidaktischen Ringvorlesung angekommen, auch wenn ich mit Ihnen gern noch mehr Ausflüge ins Ungewisse des Pfälzer Waldes unternehmen möchte. Da passiert es schon mal, dass man den Weg nach Hause nicht mehr vor Anbruch der Dunkelheit findet

Also: Geht das wirklich, das Gleiche mit anderen Worten zu sagen? Ist das, was wir anders sagen, noch das Gleiche? – Wir können aber auch fragen: *Muss* es denn das Gleiche sein? Was ist „didaktische Transformation“, was ist „didaktische Reduktion“? Was ist (noch) richtig, was ist (schon)

falsch, wenn wir es transformieren oder reduzieren? Was wird anders, was bleibt gleich – oder bleibt es nur vergleichbar, weil es aufeinander bezogen ist? Ist „Transfer" von Wissen also wirklich nur eine Frage der sprachlichen Darstellung, wie es die Hamburger Psychologen-Gruppe um Reinhard Tausch in ihrer Verständlichkeitskonzeption behauptet? Ist in Wirklichkeit alles einfach und wird nur kompliziert ausgedrückt? – Nein, so populär diese Auffassung immer noch sein mag, so einfach ist es m.E. nicht. Es ist wohl eher so, wie Albert Einstein es ausdrückte: Alles sollte so einfach *wie möglich* gemacht werden, aber nicht einfacher.

Es geht also wohl nicht darum, alles nur mundgerecht zuzubereiten, damit es in kleinen Häppchen besser geschluckt und verdaut werden kann, selbst wenn es dann wenig appetitlich aussieht. Es geht aber auch nicht darum, einfache Kost mit oder an irgendwelchen Sößchen und Salatgarnituren zu servieren, die für die französische Küche geeignet sein mögen, die einfache Kost aber ungenießbar machen. – Es geht darum, eine *angemessene* Form zu finden, eine sprachliche Form, die einerseits das zum Ausdruck bringen kann, was wir zu sagen haben, und die dies andererseits (gleichzeitig) so *verständlich* wie möglich tut, mindestens für die Adressatengruppen, an die wir uns mit unseren Äußerungen und Texten wenden.

Alles ist zwar prinzipiell sagbar, ausdrückbar, wie John R. Searle es nennt, alles ist umgekehrt auch prinzipiell verstehbar, wenn es sprachlich verfasst ist. Nur manchmal ist es so, dass wir etwas nicht mehr oder noch nicht verstehen, weil wir nicht über das Wissen und Können verfügen, das der Sprecher oder Schreiber beim Verfassen seines Textes vorausgesetzt hat. Dies ist in der Regel dann der Fall, wenn Adressaten und Rezipienten eines Textes nicht identisch sind.

Die Adressaten sind die vom Autor intendierten Rezipienten, die Gruppe von Lesern, für die er seinen Text verfasst hat. Auch wenn er oft nur sehr allgemeine Annahmen über diese oft heterogene Gruppe von Adressaten machen kann, so wird er sich doch bemühen, sich auf deren Voraussetzungen sprachlich und kognitiv einzustellen, soweit er etwas darüber weiß oder auch nur zu wissen glaubt.

Trotzdem können natürlich auch andere Leser, im Grunde alle, die lesen können, die die betreffende Sprache kennen, seinen Text rezipieren. Aber gerade diese (nicht intendierten) Rezipienten werden dann oft Schwierigkeiten haben, den Text zu verstehen. Dies ist z.B. typischerweise bei alten Texten so, die an ein zeitgenössisches Publikum adressiert waren, aber eben auch heute noch rezipiert werden können. Dies ist in der Regel auch bei hochgradig adressatenspezifischen Texten so, wie es z.B. Fachtexte sind.

Die Konsequenz aus dieser Unterscheidung von Adressat und Rezipient ist die, dass sich niemand beschweren kann, dass ein Text für ihn unverständlich ist, wenn er nicht für ihn gedacht, nicht an ihn adressiert ist. Dies erscheint unmittelbar einleuchtend im Fall der Sprachenwahl. Ich wähle diejenige Sprache, von der ich annehme, dass mein Partner sie versteht, sofern ich diese Sprache einigermaßen beherrsche. Wenn ich in Südfrankreich auf Französisch angesprochen werde, obwohl der Gesprächspartner weiß, dass ich Deutscher bin, ist es vielleicht komplizierter. Aber mit welchem Recht kann ich erwarten, dass man mit mir Deutsch spricht. Wir sind ja schließlich nicht auf Mallorca. Er adressiert seine Äußerung an mich, hat aber keine Möglichkeit, sich in der Sprachenwahl anzupassen. So könnte er in dem Dilemma, das, was er zu sagen hat, ausschließlich auf Französisch, also für mich vielleicht unverständlich, sagen zu können, nur darauf hoffen, dass ich ein bisschen Französisch kann, auch wenn ich kein Franzose bin. Und wenn er dann bemerkt, dass ich auf Französisch tatsächlich einigermaßen mit ihm kommunizieren kann, wird er mich mit Komplimenten überschütten, wie gut ich französisch könne. Das ist seine Art, das Dilemma der Verständlichkeit zu lösen. Wir sind beide zufrieden, weil wir uns beide freuen, dass wir Französisch können, er als Muttersprache, ich als Fremdsprache, was bei dem Franzosen keine Irritation auslöst, weil der Gedanke, eine Sprache als Fremdsprache zu beherrschen, ihm nicht aberwitzig vorkommt. – Anders ein sprachliches Reiseerlebnis in China. Eine deutsche Sinologin, die recht gut chinesisch spricht, kauft mit mir auf dem Markt Nüsse, weil man im Kino und selbst in der Oper unbedingt Nüsse knabbern muss. Daraufhin tuscheln die beiden Marktfrauen miteinander und lachen. Haben wir etwas falsch gemacht? Nein, erklärt mir die Sinologin, die Markfrauen hätten sich nur gewundert, dass wir gar nicht wie Chinesen aussähen. Wir konnten uns in der Sprachenwahl anpassen an unsere Adressaten und haben gar nicht erst versucht, mit den beiden Marktfrauen Deutsch zu sprechen. So konnten wir uns so problemlos verständlich machen, dass es den beiden Marktfrauen nicht ganz geheuer war, Wieso spricht jemand Chinesisch, der gar kein Chinese ist? Dann muss er wohl doch ein Chinese sein, auch wenn er nicht so aussieht.

Wir versuchen also, sofern wir die sprachlichen Kompetenzen dazu haben, uns sprachlich anzupassen, um uns verständlich zu machen. Und wenn wir die Kompetenzen nicht haben, bedienen wir uns eines Sprach-Mittlers, eines Übersetzers oder Dolmetschers. In diesem Sinn könnte man also auch die Übersetzungswissenschaften als einen bestimmten Typ von Vermittlungswissenschaft verstehen. Gerade am Beispiel der Übersetzung sehen wir aber, dass man zwar alles (zumindest irgendwie) ausdrücken kann, dass Ausgangs- und Zielsprache aber trotzdem nicht einfach eins zu eins aufeinander abgebildet werden können, und so sagen wir dann nicht das Gleiche, nur in einer anderen Sprache, sondern wir sagen etwas anderes. Sprachen sind, wie der Romanist Mario Wandruszka es in einem Buchtitel nennt, „vergleichbar - unvergleichlich“. Trotzdem erfüllen Übersetzungen ihren Zweck. Sie sind aufgrund der hier angestellten Überlegungen nicht unmöglich. Sie erfüllen ihre Vermittlungsaufgabe so gut es eben geht. (Und es gibt wunderbare Übersetzungen – schlechte allerdings auch.) Wie eine Übersetzung von einer Sprache in eine andere kann man sich auch die Transformation eines Textes in einen anderen innerhalb der gleichen Sprache vorstellen. Der transformierte Text versucht, das in einem anderen Text enthaltene Wissen sprachlich so darzustellen, dass eine neue Gruppe von Adressaten mit anderen Voraussetzungen in der Lage ist, den Text zu verstehen. Der Text wird sozusagen umadressiert. Das aber ist nichts anderes als eine Art erklärender Übersetzung, nur innerhalb der gleichen Sprache. Diese Art von intralingualem Übersetzen will ich *Verständlichmachen* nennen und als eine genuin didaktische Aufgabe nun etwas näher betrachten.

Ich benutze den Begriff des Verständlichmachens nicht zuletzt deshalb, weil ich mich abgrenzen möchte von Verständlichkeitskonzeptionen, wie ich sie schon angedeutet habe: von der sog. Hamburger Verständlichkeitskonzeption einerseits und einer aus der Kritik an dieser Konzeption entwickelten, ebenfalls psychologischen Konzeption von Verständlichkeit andererseits, die Verständlichkeit m.E. angemessener als ein aus der Leser-Text-Interaktion resultierendes Konstrukt betrachtet. Verständlichmachen (im Sinne meiner eigenen Konzeption) ist demgegenüber eine kommunikative Handlung, die ich aus dem Begriff des Auslegens in der Aufklärungshermeneutik abzuleiten versuche. Um Ihnen dies plausibel zu machen, bedarf es einerseits eines Blicks in die angesprochenen Verständlichkeitskonzepte, andererseits eines Blicks in die Tradition der Hermeneutik und schließlich eines Blicks auf die mit dem Konzept des Wissens verbundene Begrifflichkeit der Wissensgenerierung, -verarbeitung und -organisation, sowie der *Wissensvermittlung*.

Die sog. Hamburger Verständlichkeitskonzeption von Langer/Schulz van Thun/Tausch ist wohl deshalb so attraktiv, weil sie verspricht, die Leser ihres Buches in einem lediglich 8 Stunden dauernden Bemühen dazu zu befähigen, verständlichere Texte zu schreiben, genauer: die Verständlichkeit von Texten in 4 Verständlichkeitsmerkmalen einzuschätzen, die Verständlichkeit von Texten hinsichtlich einzelner Merkmale zu verbessern und schließlich insgesamt selbst verständlichere Texte schreiben zu können. Man wird sozusagen zum Verständlichkeitsexperten in der Beurteilung und Verbesserung vorliegender Texte, wie dann auch im eigenen Schreiben verständlicher Texte unter Beachtung der relevanten Merkmale der Verständlichkeit. „Sich verständlich ausdrücken" (so der Buchtitel der Neuauflage), das kann man also lernen. Genauso wie man Schreiben lernen kann, wie zumindest verkaufsfördernde Titel wie „Schreiben kann jeder", „Garantiert schreiben lernen" oder „Keine Angst vorm weißen Blatt" suggerieren.

Demgegenüber betont Norbert Groeben in seinem Buch „Textverstehen – Textverständnis – Textverständlichkeit", dass Verständlichkeit kein einfaches Textmerkmal ist, sondern aus einer Leser-Text-Interaktion resultiert. Das bedeutet, die Seite des Schreibers ist die eine Seite, aber auf der anderen Seite, der Seite des Lesers, wird auch etwas gefordert, nämlich ein kognitiv-aktives Textverstehen. Leser und Text interagieren miteinander. Das heißt bei Groeben zweierlei: einmal meint es das kognitiv-aktive Erschließen des Textes durch den Leser, der in diesem Sinn mit seinen

Erwartungen und seinem Vorwissen sich aktiv ein Textverständnis erarbeitet, dann meint es im eher experimentalpsychologischen Sinn eine Interaktion von Leser- und Text*merkmalen.* D.h. nicht jeder Text ist für jeden Leser der beste. Stellt man z.B. einem Text eine sog. Vorstrukturierung voran, so ist das für Leser mit einer eher niedrigen Lesekompetenz hilfreich, für Leser mit ausgeprägter Lesekompetenz jedoch störend, weil sie selbständig eine Strukturierung des Textes im je individuellen Leseprozess vornehmen. Dabei „stört" sie eine vorgegebene „Vorstrukturierung", weil sie jetzt zusätzlich die Vorstrukturierung mit ihren eigenen Strukturierungsversuchen „abgleichen" müssen, was den Verarbeitungsaufwand erhöht. Jedenfalls macht – egal in welchem Sinn – Groebens Ansatz deutlich, dass das Bemühen um die Verständlichkeit eines Textes gleichermaßen Sache des Autors wie des Lesers ist und dass nicht jeder Text für alle möglichen Leser gleichermaßen verständlich sein kann. Genau dies habe ich mit der Unterscheidung von Adressat und Rezipient anzudeuten versucht. Groebens Konsequenz daraus ist dann allerdings eher resignativ, wenn er letztlich für eine „selbstgesteuerte Textaufbereitung" plädiert. Wenn ein schriftlicher Text niemals auf individuelle Adressatenvoraussetzungen hin konzipiert werden kann, weil entweder die Gruppe von Adressaten zu heterogen ist oder weil der Autor eines Textes nicht genug über die Voraussetzungen seiner intendierten Adressaten weiß, liegt die Hauptaufgabe des Verständlichmachens beim Leser. Dieser muss sich durch Einsatz geeigneter Lese- und Textaufbereitungsstrategien den Text letzten Endes selbst verständlich machen, oder, wie ich sagen würde, er muss den Text interpretieren oder auslegen, sich eine für ihn plausible Lesart des Textes erarbeiten.

Mit dem Begriff des Verständlichmachens ziele ich also im Prinzip in eine ähnliche Richtung. Aber der Begriff ist mehrdeutig. Im Sinn der Auffassung Groebens kann der Leser sich selbst den Text verständlich machen. Das ist das Eine. In einem anderen Sinn – ich habe das mit dem Modell des Übersetzers angedeutet – kann ein anderer dem Leser, der auf Schwierigkeiten im Text stößt, diesem helfen, indem er den Text für diesen Leser verständlich zu machen versucht. Wie aber kann er das tun? Der Autor hat seine Schuldigkeit getan, er hat den Text unseren Verstehens- und Interpretationsbemühungen überlassen. Der Leser ist mit dem Text allein gelassen. Wer kann ihm wie helfen? Was kann ein professioneller Verständlichmacher, was kann ein Vermittler tun?

Die Grundidee meines Konzepts des Verständlichmachens ist die, dass das Verständlichmachen nicht etwas ist, was wir allein mit dem Text tun können, sondern dass Verständlichmachen etwas ist, was letztlich nicht nur in eine Leser-Text-Interaktion mündet, sondern was den Text zurückholt in eine mündliche Verständigungssituation, in eine Interaktion und Kommunikation zwischen Lesern. Genau eine solche Interaktion (nämlich die zwischen Schüler und Lehrer) ist das, was wir *Unterricht* nennen: Unterricht ist eine mündliche Verständigungssituation, in der eine Lehrkraft einem Schüler/ einer Schülerin etwas zu vermitteln versucht, sei es Wissen, sei es eine bestimmte Art von Kompetenz für eine bestimmte Art von Handlung. Damit ist im Hinblick auf den Deutschunterricht die Fachdidaktik Deutsch befasst. Aber wir sollten Didaktik nicht auf Methodik reduzieren. Die Vermittlungsmethode ist das Eine, das Andere ist die Frage nach den Zielen und Inhalten. *Was* wollen wir denn vermitteln auf einer bestimmten Klassenstufe? Doch nicht das gesamte Wissen, das momentan verfügbar ist über die verschiedenen Wissensmedien, sondern das, was in einer begründbaren Weise für diese Klassenstufe sinnvoll und angemessen erscheint. Und dann möchten wir doch auch, dass wir als

Lehrkräfte dieses Wissen nicht einfach vermitteln, gewissermaßen „eintrichtern“, sondern wir wünschen uns einen kognitiv-aktiven Schüler als ein autonomes Lernsubjekt und nicht als passives Lernobjekt. Wenn es um das Erschließen – ich sage bewusst nicht „Entnehmen“ – von Informationen aus (Lern)texten geht, dann haben wir diesen Prozess des Verstehens als kognitiv-aktiven im Blick und nicht als passiv-rezeptiven. Der Schüler konstruiert das im Text gespeicherte Wissen neu und eignet es sich auf diese Weise an, macht es sich zu eigen und damit verfügbar und nutzbar.

Und ich als Lehrkraft unterstütze ihn dabei, gebe ihm in einem methodischen Arrangement Hilfestellung, so wie ich jemandem, der den Handstand-Überschlag übt (‚Handstütz-Überschlag’ heißt es wohl bei den Sportwissenschaftlern), unter den Rücken greife. Aber Anlauf und Überschlag muss er allein bewerkstelligen und auch wieder auf die Matte, möglichst in den Stand kommen.

Kommen wir aber zurück zu einer mehr systematischen Erörterung unseres Problemzusammenhangs. Nehmen wir an: Ich lese einen Text, der das Wissen, das ich meinen Schülern vermitteln möchte, in einer fachsprachlichen Form darbietet, der also nicht an Schüler irgendeiner konkreten Altersstufe adressiert ist, sondern an die Kollegen im Fach, mit denen der Autor in eine Diskussion eintreten möchte. Sicher kann ich irgendwann meine Schüler auch zur Lektüre solcher Texte anleiten. Meine Studenten *muss* ich dazu anleiten. Dann geht es mir darum, ihnen Kompetenzen zu vermitteln, in diesem Fall die Kompetenz, sich wissenschaftlich und fachsprachlich verfasste Texte anzueignen. Aber so weit sind meine Schüler noch nicht. Also versuche ich den Text sprachlich so zu gestalten, dass die darin enthaltenen Informationen für sie verständlich werden. Ich formuliere den Text anders, adressiere ihn gewissermaßen um, denn meine

Adressaten sind keine Fachwissenschaftler, sondern Schüler, z.B. eines vierten Schuljahres. Ich versuche also, den Text und das darin aufgehobene Wissen für meine Schüler verständlich zu machen, es ihnen beizubringen. Dazu muss ich den Text natürlich erst einmal selbst verstehen, d.h. ihn *mir* verständlich machen. Dann lege ich ihn für meine Schüler aus.

Dies freilich ist die Redeweise eines Autors des 18. Jahrhunderts, Johann Martin Chladenius. Chladenius ist eher bei den Historikern bekannt, denn er verfasste neben einer „Anleitung zur Auslegung vernünfftiger Reden und Schriften" vor allem eine Theorie der Geschichtsschreibung, in der er den Begriff des „Sehe-Punktes", modern gesprochen, den Begriff der Perspektive entwickelt.

Das „Auslegen" ist für Chladenius eine durch und durch didaktische Angelegenheit. Einen Text bzw. Stellen eines Textes „auszulegen", wird für ihn überhaupt erst als didaktische Aufgabe relevant, nämlich dann, „wenn uns noch einige von diesen Begriffen fehlen, die zum vollkommenen Verstande gehören", denn genau dann „verstehen wir die Stelle noch nicht vollkommen" (1742: § 159). Und dann tritt eben der Ausleger auf den Plan, denn „es ist nichts gewöhnlicher, als das ein anderer, der gerne haben will, dass wir ein gewisses Buch verstehen sollen, uns diejenigen Begriffe beybringt, welche erforderlich sind, das Buch zu verstehen, und von dieser Person sagen wir, dass sie uns das Buch auslege. Auslegen ist also nichts anderes, als jemandem die Begriffe beyzubringen, welche nöthig sind, eine Rede oder Schrifft vollkommen zu verstehen, oder verstehen zu lernen (1742: § 169). Mit dieser didaktischen, adressatenbezogenen Aufgabe kann man jedoch nicht beginnen, „ehe man den Verstand selbst weiß": „Ein Ausleger soll den, der das Buch nicht verstehet, […] zum wahren Verstand des Buches anführen, […] und also den Verstand selbst wissen“ (§181).

Reduziert der aufklärerische Optimismus, der allgemeine Vernunftglaube, die Aufgabe des Vermittelns von Wissen hier nicht auf einen reinen Transfer des Wissens? Ich denke nicht. Obwohl der Vernunftglaube darin durchscheint, dass Verstehen über den durch den Ausleger unterstützten Weg des Verstehenlernens als prinzipiell möglich ist (und zwar ein vollkommenes, wahres – und damit wohl identisches – Verstehen), muss dessen intersubjektive Gültigkeit doch argumentativ erwiesen werden, was freilich genauso konsequent aufklärerisch gedacht ist. Wie Hans-Georg Gadamer (1965) in seinem Buch „Wahrheit und Methode“ schreibt, besitzt „im Zeichen der Aufklärung“ (171) nicht mehr allein die Autorität des Lehrers Beweiskraft. Auch der Schüler kann eine andere Art von „Beweis des wahren Verstandes“, eine „Rechtfertigung der Auslegung“ (Chladenius1942: §649) einfordern. Deshalb muss der Ausleger auch in der Lage sein, die Gründe anzugeben, warum er sein Verständnis einer dunklen Stelle „vor den wahren Verstand“ (§649) hält. Er muss argumentieren. D.h. er muss – und dies verweist ihn schließlich auch auf seine rhetorischen Fähigkeiten – in der Lage sein, „den Verstand einer Stelle so vorzutragen, dass derselbe [= der Schüler] eben wie er, die Nothwendigkeit einsiehet, den Verstand den er angiebt, vor den richtigen zu halten“ (§ 649).

Die „Begriffe“, die der Ausleger dazu dem Schüler beibringen muss, sind nun nichts anderes als das diesem zum Verständnis einer Stelle fehlende Sachwissen, z.B. historisches Wissen. Dieses hat der Autor in seinem Text aber schlicht vorausgesetzt. Wie wir wissen, sind die Annahmen, die wir bei der Textproduktion über die Voraussetzungen selbst unmittelbar intendierter Leser machen, nicht unbedingt zutreffend: Es sind Annahmen.

Ich darf hier noch einmal an die eingangs gemachte Unterscheidung von ‚Adressat‘ und ‚Rezipient‘ erinnern und an die These, dass die Schwerverständlickeit von Texten oft daraus resultiert, dass nicht-adressierte Leser den Text rezipieren. In einem solchen Fall kann der Ausleger genau das Wissen nachzutragen versuchen, das der Autor des Textes vorausgesetzt hat, das aber bei (nicht adressierten) Rezipienten eben nicht, noch nicht (Schüler) oder nicht mehr (alte Texte) vorausgesetzt werden kann.

Wenn es in der Vermittlungsaufgabe, die die Aufklärungshermeneutik „Auslegen“ nennt und die ich *Verständlichmachen* genannt habe, im Kern um die Vermittlung von Wissen geht (sei es Wissen, das man braucht, um eine bestimmte Handlung ausführen zu können, sei es Wissen, das man braucht, um einen Text zu verstehen), so sind wir bei einem Begriff angelangt, der in der aktuellen linguistischen, aber seit längerem auch in der kognitionswissenschaftlichen Diskussion, immer mehr in den Mittelpunkt des Interesses gerückt ist, beim Begriff des Wissens.

Betrachten wir nun die Begriffe ‚Auslegen’, ‚Verstehen’ und ‚Wissen’ im Hinblick auf Vermittlungsprozesse, so lassen sie sich relativ systematisch aufeinander beziehen bzw. miteinander verknüpfen. Mit einem erneuten Exkurs in die Geschichte der Hermeneutik könnte dies folgendermaßen aussehen:

In der romantischen Hermeneutik, als dessen Hauptvertreter ich neben Friedrich Schlegel den Theologen Friedrich D. Schleiermacher sehe, scheint der Begriff des Wissens zusammen mit dem des Auslegens zunächst tendenziell aus der

Hermeneutik zu verschwinden, während der Begriff des Verstehens, die „Analysis des Verstehens“, wie Wilhelm Dilthey es in seinem Aufsatz „Die Entstehung der Hermeneutik“ (1900) nennt, in den Mittelpunkt des theoretischen Interesses rückt. Aber die beiden anderen Begriffe verschwinden nicht wirklich, sie tauchen an einer anderen Stelle im Wissenschaftssystem, durchaus systematisch begründet, wieder auf. Solche „Verschiebungen“ im Wissenschaftssystem lassen sich immer wieder beobachten, manchmal als Herauslösung und Konstituierung neuer Disziplinen, wie momentan vielleicht im Fall der Transferwissenschaft, manchmal auch als Re-Integration von Disziplinen, die irgendwann einen neuen Platz in einem anderen Wissenschaftsparadigma gesucht haben, irgendwann aber zu einer neuen Einheit zurückfinden. Letzteres könnte für die Linguistik gelten, die sich in der Folge ihrer strukturalistischen und generativistischen Positionierung aus der philologischen Tradition der Germanistik gelöst zu haben schien, nun aber vielleicht als „hermeneutische Linguistik“ wieder ihren Platz in einer neuen einheitlichen (nicht einheitswissenschaftlichen) Vorstellung von Germanistik finden könnte.

Die Linguistik öffnet sich momentan für neue Fragen, wie die nach der Konstituierung, Organisation und Vermittlung von Wissen und konvergiert damit mit grundlegenden didaktischen und m.E. auch literaturwissenschaftlichen Fragestellungen. Oder löst die Orientierung auf den Begriff des Wissens nun vielleicht eine in der Linguistik gerade wiedergewonnene Orientierung auf den Begriff des Verstehens schon wieder ab? Nein. Denn es lässt sich – nicht zuletzt wiederum historisch – begründen, wie die auf das Konzept des Wissens bezogenen Fragestellungen systematisch miteinander zusammenhängen und wie gerade die Verbindung von Hermeneutik, Rhetorik und Dialektik einen neuen integrativen

Zugang auch zu den Gegenständen und Fragestellungen der Linguistik und der Fachdidaktik schaffen kann.

Die Konstituierung, Organisation und Vermittlung von Wissen ist eine hermeneutische, dialektische und rhetorische Aufgabe zugleich. Im hermeneutischen Kontext ist die Vorstellung von der Wissensbasiertheit des Verstehens, wie ich zu zeigen versucht habe, bereits in der Aufklärungshermeneutik präsent. So führte J.M. Chladenius das (Noch)-Nicht-Verstehen im Wesentlichen auf fehlendes (z.B. historisches) Sachwissen zurück, so dass die didaktische Aufgabe des Auslegens dementsprechend darin bestand, einem Schüler eben diejenigen „*Begriffe* beizubringen, welche nöthig sind, eine Schrift oder Rede vollkommen zu verstehen" (Chladenius 1742: § 169), (also Wissenselemente), beizubringen.

Mag in der romantischen Hermeneutik der Begriff des Wissens, wie auch der des Auslegens, tendenziell aus der Hermeneutik verdrängt worden sein, so ist er doch in der notwendigen Verbindung mit Dialektik und Rhetorik weiterhin präsent. In seiner Abhängigkeit von Rhetorik und Hermeneutik (Reden und Verstehen) kann der Begriff des Wissens nun allerdings auch neu gefasst und, wie bei F.D. Schleiermacher, als „Werden von Wissen" prozesshaft begriffen werden. Denn der unverbrüchliche Bezug zwischen Rhetorik und Hermeneutik auf der einen Seite und der Dialektik auf der anderen Seite besteht nun gerade darin, dass „alles Werden von Wissen von beiden [von Rhetorik und Hermeneutik; B.U.B.] abhängig ist" (Schleiermacher 1838; 1977: 76f.). D.h. – so sieht es Schleiermacher – das WISSEN entsteht durch die Kunst des Denkens, die Gegenstand der Dialektik ist, in der insbesondere das „WERDEN VON WISSEN" analysiert wird, im VERSTEHEN von Texten eignen wir uns das in Texten, sozusagen in einem externen Speicher, aufgehobene Wissen an, lernen aus Texten, soweit wir sie verstehen, soweit sie kraft ihres rhetorischen Potenzials verständlich sind. Dieses Verstehen des sprachlich-rhetorisch hervorgebrachten und aufgehobenen Wissens ist Gegenstand der Hermeneutik. Und was wir nicht unmittelbar verstehen, (für uns schwierige oder „dunkle“ Stellen), können wir im Prozess des Auslegens uns selbst und eben auch anderen verständlich machen. Im letzteren Fall, wenn wir es anderen verständlich zu machen versuchen, haben wir es mit dem aufklärungshermeneutischen, didaktischen Begriff des Auslegens zu tun.

Schleiermacher verweist den Begriff des Auslegens dagegen in die Rhetorik, weil Auslegen als Darlegung eines Verständnisses für ihn wiederum Rede ist. Wenn ein solches adressatenorientiertes Auslegen, das Verständlichmachen, aber Rede werden muss und wir den Begriff der Rede in der Mündlichkeit ansiedeln, so können wir eine abschließende didaktische Konsequenz ziehen, die uns letztlich legitimiert, weiterhin Unterricht zu machen.

Sicherlich können wir zu einem Text einen schriftlichen Kommentar, eine Interpretation verfassen, aber diese wird für manche möglicherweise noch schwerer verständlich sein als der verständlich zu machende Text, weil wir uns auf der Ebene der Schrift wiederum nicht auf individuelle Adressaten einstellen können. Dies ist nur in der Mündlichkeit, in einem Dialog, im Gespräch zwischen Lernenden oder eben zwischen Lehrenden und Lernenden möglich. Nur in der Mündlichkeit – dies ist meine abschließende These – können wir den Text gewissermaßen in die Verständlichkeit zurückholen, ihn im Gespräch an die Voraussetzungen unserer jeweiligen Adressaten so anzupassen versuchen, dass er für diese verständlich wird.

Und dabei schließlich verändert sich nicht nur das Wissen unserer Schüler, sondern auch unser eigenes. Wir haben es in dieser Art dialogischer Vermittlung nicht schlicht mit dem Transfer, sondern mit einer (permanenten) Transformation von Wissen zu tun. Wissen, das hervorgebracht, verstanden und vermittelt wird – und dabei eben selbst als ein werdendes, mithin ein sich veränderndes zu verstehen ist.

Wenn ich eingangs gesagt habe, vielleicht müsse Wissenschaft – in einem gewissen Sinn zumindest – unverständlich sein, so hoffe ich dennoch, dass ich Sie nicht dadurch davon überzeugt habe, dass die Fachdidaktik eine richtige Wissenschaft ist, weil meine Ausführungen für Sie unverständlich geblieben sind. Sie ist nicht zuletzt deshalb eine Wissenschaft, weil sie damit befasst ist, sozusagen reflexiv, Wissen über Wissen hervorzubringen, über die Entstehung, die Speicherung und Verarbeitung und schließlich die Vermittlung von Wissen – und ebenso über den Aufbau von Kompetenzen, Fähigkeiten und Fertigkeiten.

(Erstveröffentlichung in: Baum, Michael/ Gohrband, Detlev (Hrsg.): *Wissenschaft der Fachdidaktik: Literatur und Sprache im Vermittlungszusammenhang.* Landau: Verlag Markus Knecht 2007, 43-57)

2 Von der Tradition der Aufsatzdidaktik zu einer modernen Schreibdidaktik

‚Schreiben' im Kontext der Kompetenzbereiche des Deutschunterrichts

Die schreibdidaktische Diskussion in der muttersprachlichen Deutschdidaktik, wie auch in der Didaktik des Deutschen als Fremdsprache, ist wohl bereits seit einigen Jahrzehnten wieder lebhafter geworden. Wie die Pragmatisierung der Linguistik in den 70-er Jahren des 20. Jahrhunderts eine Pragmatisierung der Sprachdidaktik zur Folge hatte, die ihren Niederschlag zunächst in der Betonung der mündlichen Kommunikation, dann aber auch in kommunikativ orientierten aufsatzdidaktischen Konzepten fand, hatte eine mit der Entwicklung der Schreibforschung einhergehende Orientierung auf den Schreibprozess eine auch schreibdidaktische Orientierung auf Schreibprozesse zur Folge, in der die Entwicklung und Förderung von Schreibkompetenz in der Muttersprache (s. Merz-Grötsch 2000; Becker-Mrotzek/ Böttcher 2006) wie auch in der Fremdsprache (s. Lieber/Posset 1988; Portmann 1991; Krings 1992; Krumm 1999) einmal mehr zu einem beherrschenden Thema wurde.

Muttersprachendidaktisch, d.h. im Rahmen der Fachdidaktik Deutsch wie in Lehrplänen für die verschiedenen Schulformen und –stufen bzw. in den von der Kultusministerkonferenz (KMK) herausgegebenen Bildungsstandards (für den Abschluss der Primarstufe wie für den Hauptschulabschluss im Fach Deutsch) und deren für den Primarbereich in Rheinland-Pfalz bereits erfolgten Umsetzung im „Rahmenplan Grundschule" mit dem „Teilrahmenplan Deutsch", bleibt die schreibdidaktische Diskussion freilich eingebettet in das Gesamtspektrum von Aufgabenfeldern bzw. Kompetenzbereichen des Deutschunterrichts. Obwohl m.E. noch an keiner Stelle schlüssig gezeigt wird, wie eine integrative Betrachtung solcher aus den Modalitäten der Sprachverarbeitung ableitbaren Kompetenzbereiche konkret aussehen kann, ist die Vernetzung der Kompetenzbereiche inzwischen Programm: Das Postulat eines „integrativen Deutschunterrichts“ (einschließlich einer Integration sprach- und literaturdidaktischer Arbeitsbereiche) ist in aller Munde. Dabei scheint sich die Sprachdidaktik noch einmal als moderne „Vermittlungswissenschaft“, als „Transferwissenschaft“ (Biere 2007) im Dienst des „Verständlichmachens“ (Biere 1989) bzw. der didaktischen Transformation von Wissen zu profilieren zu versuchen, während die Literaturdidaktik offensichtlich aus einem Paradigma von Fachdidaktik auszuscheren versucht, das sie nur in Abhängigkeit von den jeweils fachwissenschaftlichen Bezugswissenschaften legitimiert und dementsprechend permanent auf den Vermittlungsaspekt reduziert: „Freilich versteht sie [die Literaturdidaktik; B.U.B.] sich schon lange nicht mehr als ‚Umsetzungswissenschaft‘, sondern als eigenständige Disziplin“ (Abraham/ Kepser 2006, 9).

Ohne solche aktuellen Positionierungs-, aber auch Theoretisierungsversuche in der (akademischen) fachdidaktischen Diskussion (s. Baum/ Gohrband 2007) wirklich ernst zu nehmen, greifen Bildungsstandards und Rahmenpläne zwar die in der fachdidaktischen Diskussion virulenten Themen ansatzweise durchaus auf, bleiben aber gleichwohl einer Tradition verpflichtet, in der den Aufgabenfeldern des Deutschunterrichts klar abgrenzbare Aufgabenstellungen zugewiesen werden. So werden integrative Aspekte des Deutschunterrichts auch dort kaum systematisch sichtbar, wo sie sich relativ leicht exemplifizieren ließen. Um ein Beispiel zu nennen: Im Kompetenzbereich „Schreiben“ bzw. „Texte verfassen“ wird zwar durchaus auf Ansätze einer modernen

Schreibdidaktik (bis hin zur „Schreibkonferenz") verwiesen, einen Hinweis jedoch, dass bzw. wie insbesondere bei Verfahren des Überarbeitens von Texten Prozesse des (kontrollierenden) Lesens, der mündlichen Kommunikation und des Schreibens ineinander greifen könnten, sucht man vergeblich (Rheinland-Pfalz, Teilrahmenplan Deutsch 2006, 27). Der Integrationsgedanke in der Fachdidaktik Deutsch mag schließlich auch ein Reflex eines für das akademische Fach Germanistik wieder propagierten Einheitsgedankens sein (vgl. Biere 2005), wie er sich ähnlich bei Abraham/ Kepser (2006, 9) im Hinblick auf die „Literaturdidaktik als ein Fach" und in der Betonung ihres „Charakters[s] als Integrationswissenschaft" findet. Wir werden sehen, inwieweit auch der Sprachdidaktik Integrationscharakter zukommt und in welchem Sinn auch eine *integrative Schreibdidaktik* vorstellbar und wünschenswert erscheint.

Der Weg von der Aufsatzdidaktik zu einer modernen Schreibdidaktik scheint zunächst keineswegs einem Integrationsgedanken verpflichtet zu sein. Er wäre eher als eine Geschichte von „Brüchen" zu rekonstruieren, von aufeinander folgenden, zunächst inkompatibel erscheinenden aufsatzdidaktischen Konzeptionen. Eines scheinen alle Konzeptionen bis zum Einsetzen einer modernen Schreibdidaktik jedoch gemeinsam gehabt zu haben, die „Produktfixiertheit, die Orientierung am fertigen Text" (Böttcher/Becker-Mrotzek 2003, 11).

Vom Produkt zum Prozess

Die Geschichte der Aufsatzdidaktik kehrt demnach den systematischen Weg vom Schreibprozess zum Textprodukt historisch um, indem in der Tradition der Aufsatzdidaktik der Schreibprozess zunächst überhaupt nicht thematisiert wird, sondern in erster Linie das fertige Textprodukt, eben der „Aufsatz“ mit seinen erwarteten und realisierten Formen und Strukturen sowie deren Bewertung von Interesse ist. Gewiss hat es zu allen Zeiten praktische Hinweise gegeben, was bei der Erstellung dieser oder jener Aufsatzform zu beachten sei, und sei es nur in der Weise, dass Musteraufsätze als nachzuahmende Vorbilder vorgegeben wurden, wie es das Konzept des sog. gebundenen Aufsatzes seit dem ausgehenden 18. Jahrhundert vorsah. Derartige praktische Ratschläge sind allerdings (von „subjektiven Theorien“ einmal abgesehen) in der Regel nicht theoriegeleitet, sondern schlicht ‚geronnene’ Erfahrungen von „Praktikern“, hier also von Lehrern, die diese Erfahrungen, wie immer begründet, an die Schüler weitergeben und damit, wie generell bei der Weitergabe bzw. Vermittlung von kulturellem Wissen, traditionsbildend wirken.

Aber nicht nur in diesem Sinn kann man von der „*Tradition* der Aufsatzdidaktik“ sprechen. Eine Ebene der Traditionsbildung ist die durch Weitergabe praktischer Erfahrungen konstituierte, eine andere ist die durch Formulierung expliziter aufsatzdidaktischer Konzepte oder Theorien konstituierte. Auf dieser Ebene finden dann auch theoretische Diskussionen dessen statt, was fachdidaktisch jeweils angemessene Konzeptionen des Aufsatzunterrichts in der Schule sein könnten. Solche Konzeptionen werden im Allgemeinen mehr oder weniger kontrovers diskutiert, manche sind kompatibel, andere inkompatibel, manche ergänzen sich oder führen einen historischen Ansatz weiter, andere dagegen wagen einen so radikalen Neuansatz, dass sie tatsächlich ein radikales Umdenken fordern, einen Bruch mit der aufsatzdidaktischen Tradition. Einen solchen Bruch, man möchte fast sagen einen Paradigmenwechsel, stellt m.E. die Umorientierung von der traditionellen Aufsatzdidaktik zu einer modernen Schreibdidaktik dar, die Umorientierung vom Aufsatz als Schreibprodukt auf den (mühevoll zu erlernenden) Schreibprozess, in dem das Schreibprodukt erst entstehen muss, d.h. von einem oder mehreren Schreibern oder Schreiberinnen hervorgebracht, erzeugt oder schlichter: hergestellt, produziert werden muss. In dieser Redeweise könnten wir den Schreibprozess als den ,Prozess der Textproduktion' bezeichnen, wiewohl beide Begriffe nicht synonym sein müssen: Nicht jeder Schreibprozess muss zwangsläufig ein Prozess der Textproduktion sein (vgl. Böttcher/ Becker-Mrotzek 2003, 11).

Was jeweils als ,Textproduktion' bezeichnet werden kann, hängt natürlich davon ab, was wir unter ,Text' verstehen wollen und ist somit eine Frage der textlinguistischen Theoriebildung. Die mögliche doppelte Terminologie – hier das Schreiben und der Schreibprozess, dort das Verfassen von Texten und die Textproduktion - deutet schon an, dass das Interesse am Prozess des Schreibens sich aus zwei unterschiedlichen Theoriezusammenhängen heraus begründen ließe: Zum einen aus einer Weiterentwicklung der Textlinguistik zu einer Theorie der Textproduktion, zum anderen aus einer genuinen Betrachtung des Schreibprozesses in der sich seit den 80-er Jahren des 20.Jahrhunderts entwickelnden Schreibtheorie und einer (empirischen) Schreibforschung, die nicht zuletzt auch immer mehr Interesse am Prozess der Entwicklung von Schreibkompetenz zeigt (vgl. Augst/ Faigel 1986 sowie Feilke 1996).

In der Praxis ist es allerdings oft nicht leicht (u.U. vielleicht auch weder nötig noch sinnvoll) festzulegen, ob eine konkrete Fragestellung eher aus der Perspektive der textlinguistischen Textproduktionsforschung oder aus der Perspektive der Schreibforschung behandelt wird. Unter einem didaktischen Interesse, also unter der Fragestellung, welche Konsequenzen sich aus der einen oder aus der anderen Position für die Aufsatz- bzw. Schreibdidaktik in der fachdidaktischen Theoriebildung wie in der Praxis des Schreibenlernens in der Schule ergeben, ist diese Unterscheidung sicherlich weniger bedeutsam als die zwischen Produktorientierung und Prozessorientierung, auf die wir als erstes Bezug nehmen wollen, um die *Tradition der Aufsatzdidaktik* von einer *modernen Schreibdidaktik* abzugrenzen.

Als „Tradition der Aufsatzdidaktik" könnte man demnach alle diejenigen aufsatzdidaktischen Positionen bezeichnen, die mit dem Begriff ‚Aufsatz' auf ein Produkt Bezug nehmen, das unter weitgehender Vernachlässigung der Bedingungen (und Probleme!) seiner Entstehung Gegenstand von Leistungskontrollen, Bewertungen und Beurteilungen wird. Als „moderne Schreibdidaktik" wären dementsprechend alle diejenigen schreibdidaktischen Positionen einzustufen, die (unter durchaus unterschiedlichen Aspekten) den Prozess der Entstehung von Texten, den Prozess des Schreibens, in schulischen wie außerschulischen Kontexten, unter einem schreibdidaktischen Interesse fokussieren, unabhängig davon, ob die in diesem Prozess entstehenden Produkte im traditionellen Sinn als „Aufsätze" zu bezeichnen sind oder nicht.

Dieser Paradigmenwechsel vom Produkt zum Prozess findet in der Fachdidaktik, wie gesagt, etwa seit den 80-er Jahren des 20. Jahrhunderts statt. Man mag eine entscheidende Wende in der traditionellen Aufsatzdidaktik allerdings auch bereits in den 70-er Jahren sehen, wenn man das Konzept des „kommunikativen Aufsatzes" nicht nur als überfälligen Neubeginn der aufsatzdidaktischen Diskussion nach 1945 versteht, sondern als einen radikaleren Bruch mit idealistischen aufsatzdidaktischen Traditionen, wie sie mit dem bis dahin weitgehend unbestrittenen Konzept des „sprachbildenden" bzw. „sprachgestaltenden Aufsatzes" vom ersten Drittel bis

Ende der 60-er Jahre des 20. Jahrhunderts die Aufsatzdidaktik in Theorie und Praxis bestimmt haben.

Für den Bruch mit idealistischen Traditionen kann zwar der „kommunikative Aufsatz“ stehen, nicht aber das konkurrierende Konzept des „heuristischen Aufsatzes“, das explizit der idealistischen Sprachauffassung verpflichtet bleibt. Vielleicht geht das m.E. äußerst fruchtbare Konzept des heuristischen Aufsatzes gerade deshalb in der „Geschichtsschreibung“ der Aufsatzdidaktik heute gelegentlich unter (so beispielsweise bei Böttcher/ Becker-Mrotzek 2003, 11, die von der „kommunikative[n] Wende“ gleich zum kreativen, freien und personalen Schreiben übergehen). Dass beide Konzeptionen den Begriff des Aufsatzes „bewahren“ (obwohl der Titel der Monographie der Aachener Gruppe das Konzept längst in Frage stellt: „Schulaufsätze – Texte für Leser?“ (Boettcher et al. 1973)), lässt sie an der Oberfläche weniger ‚radikal‘ erscheinen, als sie es im Kern wohl sind: Fragen sie doch beide nach Funktionen schriftlicher Texte und damit auch nach Funktionen des Schreibens, wie wir es m.E. auch schreibdidaktisch tun sollten. Dass dabei in einer eher unfruchtbar Kontroverse die kommunikative Funktion des Schreibens gelegentlich gegen die heuristische ‚auszuspielen‘ versucht worden ist – mehr auf Seiten des kommunikativen als auf Seiten des heuristischen Konzepts – verdeckt die generelle ‚Entdeckung‘ der Funktionalität des Schreibens, auch jenseits der (kommunikativen) Zweckformen. Dass auf dem Hintergrund der Pragmatisierung der Linguistik zunächst die kommunikative Funktion des Schreibens vielleicht über Gebühr in den Vordergrund gerückt ist, erscheint verständlich. Unverständlich bleibt demgegenüber dann allerdings, warum sie sich in der Praxis des Aufsatzunterrichts zunächst ebensowenig durchsetzen konnte wie die heuristische. Zumindest in der Praxis des Aufsatzunterrichts findet kein Paradigmenwechsel statt, hier bleibt man zunächst weiterhin der aufsatzdidaktischen Tradition verpflichtet, auch wenn im Lauf der Zeit kommunikative und dann auch kreative Elemente den Aufsatzunterricht ‚auflockern'.

Die aufsatzdidaktische Diskussion seit 1945

Bis Anfang der 70-er Jahre hatte das Konzept des sprachschaffenden bzw. sprachgestaltenden Aufsatzes über einen Zeitraum von gut 50 Jahren die aufsatzdidaktische Diskussion bestimmt, so dass sich konzeptionelle Alternativen kaum hätten durchsetzen können. Einmal unterstellt, dass dies so ist, so drängt sich die Frage auf, was dieses aufsatzdidaktische Konzept eigentlich so langlebig, wenn man will, so ‚attraktiv' macht. Mein Erklärungsversuch ist der folgende: Es ist in einem bestimmten Sinn die Einfachheit dieser Konzeption und damit vor allen Dingen auch seine (vermeintliche?) Praktikabilität, allerdings jenseits seiner sprachtheoretischen Implikationen, die zur Legitimation wohl auch kaum herangezogen werden.

Die Auseinandersetzung mit sprachidealistischen Positionen findet in der Linguistik statt, nicht jedoch in der Fachdidaktik. Und in der Linguistik musste diese Auseinandersetzung weitgehend ‚ideologiekritisch' geführt werden, weil die Sprachtheorie Wilhelm von Humboldts eine Zeitlang kaum mehr ohne Auseinandersetzung mit Leo Weisgerbers „inhaltsbezogener" Rezeption Humboldts diskutiert werden konnte, die den Zusammenhang von Sprache und Weltbild in den Dienst nationalsozialistischer Deutungen des Zusammenhangs nicht nur von Sprache und Nation, sondern auch von Sprache und „Volk" zu stellen schien. Ungeachtet dessen erscheint die Konzeption des sprachschaffenden Aufsatzes nach 1945 wohl ideologisch weitgehend unbelastet, verweist sie doch auf vor-nationalsozialistische Zeit, so dass an sie, wie in vielen anderen kulturellen und wissenschaftlichen Bereichen auch, angeknüpft werden kann, ohne mögliche nationalsozialistische sprach- und aufsatzdidaktische Einlassungen auch nur ernsthaft ‚andenken' zu müssen.

Die Attraktivität des sprachgestaltenden Aufsatzes für die Praxis des Aufsatzunterrichts ist also wohl kaum aus einem ideologiekritischen Diskussionszusammenhang abzuleiten. Im Gegenteil: Dass dieser gerade ausgeblendet bleibt und so i. Ggs. zu den (ideologiekritischen, kompensatorischen und emanzipatorischen) Ansprüchen anderer Konzepte der 70-er Jahre der Schule und insbesondere dem Deutschunterricht weiterhin einen wenn nicht unpolitischen, so doch einen nicht politisierbaren Raum garantiert, in dem eher die Form als latent ideologieverdächtige Inhalte die Richtung weist. So ist es m.E. die Einfachheit, die ein Modell attraktiv macht, das eine Abgrenzung grundlegender Aufsatz- oder Darstellungsformen aufgrund des Vorhandenseins bestimmter Kriterien bzw. Textmerkmale ermöglicht und bis heute den andauernden Erfolg des Konzepts des sprachgestaltenden Aufsatzes garantiert.

Zur Unterscheidung der Aufsatzgattungen (vielleicht würde man heute sagen: „Schreibhaltungen") ‚Erzählung' und ‚Bericht' sowie ‚Beschreibung' und ‚Schilderung' (später noch ‚Besinnungsaufsatz' und ‚Erörterung') werden die Kriterienpaare ‚subjektiv' - ‚objektiv'; ‚verlaufs- oder handlungsbezogen' (Kategorie: ZEIT); sach- oder gegenstandsbezogen (Kategorie: RAUM) zugrunde gelegt. Die bereits in den 60-er Jahren einsetzende Kritik richtete sich insbesondere gegen den sog. Erlebnisaufsatz, aber auch gegen die zugrunde liegende (ideologieverdächtige) Stilisierung des Objektivitätsanspruchs und die entwicklungs- bzw. erwerbsspezifischen Reihenfolge von subjektiven Formen zu objektiven. Die

Einfachheit des Modells erschien nun alles andere als klar, sie erschien vielmehr unklar, unbegründet, ideologieträchtig, lebensfremd und teilweise schlicht falsch. Manche Argumente waren sicherlich einleuchtend, andere wiederum erschienen ihrerseits ideologisch. Wie auch immer: Die Diskussion war kurz und heftig, blieb aber weitgehend folgenlos. Daran hätte die Anfang der 70-er Jahre einsetzende pragmatische oder kommunikative Wende durchaus etwas ändern können, wies doch die kommunikativ-pragmatische Orientierung nicht nur der Aufsatzdidaktik, sondern der gesamten Deutschdidaktik, einschließlich der Literaturdidaktik, eine neue Richtung.

Die Kontroverse der 70-er Jahre: ‚Kommunikativer' oder ‚heuristischer' Aufsatz?

Zwei Neuansätze prägen die aufsatzdidaktische Diskussion Anfang der 70-er Jahre des 20. Jahrhunderts: Der kommunikative Aufsatz (Boettcher et al. 1973) und der heuristische (Ingendahl 1972). Inwieweit diese wirklich kontrovers diskutiert worden sind, mag hier ebenso dahingestellt sein, wie die Klärung der Frage, welche der beiden Konzeptionen sich denn letztlich als die überlegene erwiesen habe. Die Antwort darauf könnte wohl nur sein, dass beide Konzeptionen insgesamt in der Praxis des Aufsatzunterrichts letztlich nicht zum Tragen gekommen sind, sondern dass vielmehr die Tradition der Aufsatzdidaktik mit der einen oder anderen Modifikation zunächst fortgeschrieben wird. Aber immerhin: Die Diskussion ist wieder eröffnet. Eine Diskussion, die einerseits – angeregt durch die Kreativitätsforschung wie durch neue Konzeptionen von (offenem) Unterricht - unversehens wieder in eine neue alte Richtung läuft, in der der „Spaß am Schreiben" (Sennlaub 1980), „freies" und „kreatives Schreiben" mit einem Nachdruck ihr Recht beanspruchen, wie es seit der (reformpädagogischen) Orientierung am Kinde nicht mehr der Fall gewesen ist. Eine Diskussion, in der andererseits die soeben eröffnete Perspektive auf grundlegende Funktionen des Schreibens wieder verschüttet zu werden scheint. Dies nicht unbedingt durch eine schlichte Rückkehr zur aufsatzdidaktischen Tagesordnung, sondern dadurch, dass eine der beiden Konzeptionen, nämlich die des kommunikativen Aufsatzes, besser in das Bild einer pragmatisierten Deutschdidaktik zu passen schien, als die Konzeption des heuristischen Aufsatzes, auch wenn diese – eher missverständlich – den modischen Begriff der Emanzipation im Titel führte. Ein Grund für diese „Verdrängung" des Heuristischen mag auch sein, dass es unter gewissen Aspekten im kreativen bzw. personalen Schreiben aufzugehen scheint. In der Konsequenz kommt – aus welchen Gründen auch immer – der heuristische Aufsatz als selbstständiges Konzept in der Fachgeschichte dann gelegentlich einfach nicht mehr vor. So sprechen Böttcher/Becker-Mrotzek (2003, 10f.) zwar die „kommunikative Wende in den 70er-Jahren" an, die sie wegen der Ausblendung der „vielen anderen Schreibfunktionen" (ebd.) zu Recht kritisieren, unterstellen dann aber einen scheinbar unvermittelten Übergang zum kreativen, freien und personalen Schreiben.

Die Diskussion wäre verkürzt, wollte man im Kontext der Kommunikationsorientierung nun jenseits der unterschiedlichen Modalitätsbedingungen und der je spezifischen Funktionalität von mündlicher und schriftlicher Kommunikation nach sprachlich-kommunikativen Funktionen schlechthin fragen. In einem aufsatzdidaktischen Kontext muss es darum gehen, spezifische Funktionen des Schreibens herauszuarbeiten, also das Differente, was Mündlichkeit nicht leistet, Schriftlichkeit aber sehr wohl. Dann wäre durchaus auch neu zu diskutieren, wie wir den Übergang von Mündlichkeit zu Schriftlichkeit didaktisch-methodisch ausgestalten wollen, z.B. als kontinuierlichen Übergang oder als bewussten Neuansatz bei den medialen Möglichkeiten und kommunikativen Erfordernissen der neuen Kommunikationsmodalität. Damit wären wir allerdings über die manchmal etwas kleinlich erscheinenden aufsatzdidaktischen Kontroversen, gerade auch die Anfang der 70-er Jahre geführten, schon ein Stück weit hinaus. Paradoxerweise (vielleicht auch bezeichnenderweise) erscheinen die Kontroversen umso kleinlicher, je ‚großspuriger' sie daherkommen. Aus heutiger Sicht (vorsichtiger: aus meiner Sicht) macht es wenig Sinn, kommunikative Funktionen des Schreibens gegen heuristische auszuspielen.

Im Gegenteil: Es geht darum, in Schreiblernprozessen beide (!) Funktionen des Schreibens bzw. der Schriftlichkeit gegenüber der anders gearteten Funktionalität von Mündlichkeit historisch wie systematisch sichtbar und erfahrbar zu machen, auszuprobieren und in ihrer je aktuell-systematischen Funktionalität wie in ihrem historischen ‚Mehrwert' verstehen zu lernen. Dies dürfte unseren Ausgangspunkt in diesem Abschnitt, die ‚Kontroverse' zwischen kommunikativem und heuristischem Aufsatz, freilich historisch wie systematisch überfrachten. Aber die „Nachgeborenen" sind nun einmal mindestens insofern klüger, als sie neben der zeitgenössischen Perspektive nicht nur ihre eigene mit einbringen können, sondern die Geschichte, die weitere Entwicklung mitdenken können und zwar nicht nur antizipativ, sondern rekonstruktiv.

Mit welchem Recht kann ich die ‚große' Kontroverse, von der wir hier reden, ‚kleinlich' nennen? War sie nicht ernsthaft? Doch, aber sie war wie viele solcher Kontroversen mehr oder weniger ‚ideologisch', d.h. nüchtern betrachtet, waren die beiden Positionen weniger weit voneinander entfernt, als sie sich und uns glauben machen wollten. Was –

auch heute – unter Aspekten der Profilierung (von Individuen wie von Institutionen) nützlich ist, ist der Mut, etwas (meistens nicht ganz ohne ein bisschen zu übertreiben) zuzuspitzen oder auch nur ‚auf den Punkt zu bringen' (aber auf welchen?). Wozu soll das ‚nützlich' sein? - Diese Art von Zuspitzung ist keineswegs bloße Polemik, es geht vielmehr darum, eine Position deutlicher zu machen, wenn man so will, ‚radikaler', damit sie – als Theorie – stärker wird, und damit man sie besser ‚angreifen' kann („…damit ich Dich besser fressen kann"). Wer den kommunikativen Aufsatz ‚stark' machen will, muss demnach zeigen, dass andere Ansätze nicht kommunikativ (und deshalb (!) tendenziell unangemessen) sind, wobei durchaus nicht alle Ansätze, die sich ‚kommunikativ' nennen, angemessen sein müssen, aber so etwas unterstellen wir erst einmal, damit die Diskussion überhaupt beginnen kann. Wenn man dann einen Ansatz findet, der sich aus einer eher nicht-kommunikativen Tradition, hier aus einer sprachidealistischen (bei L. Wygotski fortgeführten) Tradition heraus begründet, so wird man sich vorzugsweise gegen diesen wenden, gerade dann, wenn er das kommunikative Moment von Sprache zwar offensichtlich nicht leugnet, aber im Hinblick auf Schriftlichkeit in der Tat eher als sekundär einstuft.

Genau dies hat Werner Ingendahl (1972) als Vertreter des heuristischen Aufsatzes getan. Er hat die kommunikative Funktion von Sprache in keiner Weise in Abrede gestellt, aber er hat unter Reflexion auf das, was Schrift wesensmäßig zu leisten im Stande ist, die heuristische Funktion (nicht der Sprache, sondern des Schreibens (!)) als „primär" gegenüber der kommunikativen eingestuft. Es versteht sich, dass es für die Vertreter des kommunikativen Aufsatzes nicht akzeptabel war, den von ihnen gerade auch für die Schriftlichkeit als zentral herausgestellten Aspekt des Kommunikativen herabgestuft oder gar wieder in die Mündlichkeit verwiesen zu sehen. Wenn wir vor allen Dingen bei auf die Textproduktion vorbereitenden Maßnahmen, bei gemeinsamen Planungs- und Rechercheprozessen auf kommunikative Phasen stoßen, so liegt die Vermutung nahe, das Schreiben selbst, jenes von Ingendahl apostrophierte „*Ich gestalte*“, sei seinerseits eher nicht kommunikativ oder gar kooperativ, es sei vielmehr weiterhin als jener „einsame“ gestalterische Prozess intendiert, als den ihn die Tradition der Aufsatzdidaktik im sprachgestaltenden Ansatz gesehen hatte.

Dennoch muss man bei nüchterner Betrachtung zugestehen, dass das Konzept des heuristischen Aufsatzes sehr wohl auch kommunikative Funktionen des Schreibens einschließt, dass die Betonung nun lediglich darauf liegt, die heuristische Funktion als die primäre zu sehen. Ob dies dann allerdings ausreicht, um bei den zahlreichen Übereinstimmungen, etwa hinsichtlich der Bevorzugung von Projektunterricht, eine grundlegende Opposition von heuristischem und kommunikativem Ansatz aufzubauen, erscheint mir fraglich. Für die Entwicklung der aufsatzdidaktischen Diskussion wäre es hier m.E. sinnvoller gewesen, sich bewusst zu machen, dass beide Ansätze jeweils eine grundlegende Funktion der Schriftlichkeit entdecken und damit überhaupt den Gedanken der Funktionalität einbringen, mithin auch für den Bereich der Schrift ein kommunikativ-funktionales, pragmatisches Denkmuster etablieren. Da der Begriff der Kommunikation bereits funktional-pragmatisches Denken auf der Ebene der Mündlichkeit etabliert, das dann auf die Ebene der Schriftlichkeit auszuweiten versucht wird, erscheint mir die Argumentation Ingendahls durchaus einleuchtend, dass auf der Ebene der Schriftlichkeit als genuine Leistung der Schrift die heuristische Funktion primär zu setzen ist, denn diese Leistung erbringt in dieser Form eben nur die Schrift, während die kommunikative Leistung in der Tat „primär“ mündlich realisiert werden kann.

Im Übrigen kann man die erkenntnisbezogene heuristische Leistung auch in dem Sinne als primär betrachten, dass es ohne etwas Erkanntes nichts gäbe, worüber sinnvoll kommuniziert werden könnte. Dabei birgt freilich auch das Erkennen insofern einen kommunikativen Impetus in sich, als auch die Arbeit mit und an Texten, das „Erkennen des Erkannten", wie August Boeckh (1886) die Aufgabe der Philologie beschrieben hat, seiner kommunikativen Vermittlung bedarf, wenn es wirksam, sprich traditionsbildend, werden will.

Wenn beide Funktionen der Schriftlichkeit, ob primär oder sekundär, bedeutsam sind, dann erscheint es sinnvoller, sie als gleichberechtigte, eher als komplementäre denn als konkurrierende Funktionen zu betrachten. In einer entsprechend didaktisierten Formulierung wird diese doppelte Funktionalität des Schreibens deutlich, wenn vom „Schreiben für sich" und vom „Schreiben für andere" die Rede ist, was in unterschiedlichen „Orientierungen" des Schreibens expliziert wird: Orientierung am Leser (kommunikativ) und Orientierung am Schreiber (heuristisch). Es ist m.E. allerdings eine zu einseitige Sichtweise des Heuristischen, wie sie etwa bei Steinig/ Huneke (2004, 111f.) zum Ausdruck kommt, wenn es auf identitätsbildende Funktionen, auf eine Auseinandersetzung mit Fragen, die den Schüler „als Person existentiell betreffen und die er für sich beantworten möchte" (ebd.) reduziert wird. Entsprechend würde auch die emanzipatorische Funktion von Erkenntnis auf Selbsterkenntnis reduziert. Wenn in der Didaktik in den 70er Jahren tatsächlich „(…) ein geringes Interesse (bestand), Schüler als Individuen in der Entwicklung ihrer Identität zu unterstützen" (ebd.), kann dies kaum ein Argument sein, dass sich der kommunikative Ansatz gegenüber dem heuristischen durchgesetzt hätte. Beiden Ansätzen ist es nicht gelungen, sich soweit durchzusetzen, dass sie jeweils als durchgängiges aufsatzdidaktisches

Konzept die Praxis des Aufsatzunterrichts hätten bestimmen können. Gleichwohl gibt es Reflexe dieser Ansätze, vielleicht mehr des kommunikativen als des heuristischen Aufsatzes, die die sprachgestaltende Tradition der Aufsatzdidaktik zwar nicht aufbrechen, sie aber doch, wenn auch eher eklektizistisch als systematisch (oder „ideologisch"?), ‚aufzuweichen' beginnen. Dabei gerät einerseits tatsächlich der Leser oder auch Adressat des Textes (was nicht das gleiche ist, weil es durchaus Leser geben kann, die nicht Adressaten eines Textes sind!) stärker in den Blick, andererseits scheint das Moment des Kreativen stärker in Blick zu geraten, auch wenn man Konzepte des ‚freien' oder ‚kreativen Schreibens' nicht unbedingt, wie Steinig/ Huneke es m.E. implizit tun, als Zurückweisung des Kommunikativen und als eine, wenn auch reduzierte, Weiterführung des Heuristischen deuten muss. In der Tat wird hier ein historisch-systematischer Zusammenhang insinuiert, der nur aufgrund einer doppelten Reduktion Bestand hat: der Reduktion des Heuristischen auf die identitätsbildende Funktion wie der Reduktion der sprachbezogenen kreativen Funktion auf eine sprecherbezogene und damit tendenziell (poesie-)therapeutische.

Auch wenn nun bald der Schreibprozess und seine kreativen Momente sowie Aspekte der Schreibentwicklung in den Blick geraten (vgl. Steinig/ Huneke 2004, 113ff.), bleibt die Praxis des Aufsatzunterrichts wohl auch in den Jahren nach 1970 zunächst weiterhin der Tradition des sprachgestaltenden Aufsatzes verpflichtet. Warum auch nicht, möchte man fragen, denn worum anders geht es denn beim Verfassen von Texten als um Sprach- bzw. um Textgestaltung.

Textlinguistische Orientierungen

Wenn „Aufsätze schreiben“ eine sprachgestaltende Tätigkeit ist, so kann damit eigentlich nur die Ebene der *parole*, also die Gestaltung von Texten als Einheiten der *parole*, der Sprachverwendung, gemeint sein. Wenn wir dabei den Begriff ‚Aufsatz' durch den Begriff ‚Text' ersetzt haben, so haben wir uns zumindest terminologisch auf eine textlinguistische Argumentationsebene begeben. Die Textlinguistik, deren Entwicklung seit den 70-er Jahren des 20. Jahrhunderts ich an dieser Stelle nicht im Einzelnen rekapitulieren will, bietet m.E. nach wie vor durchaus geeignete Ansatzpunkte für eine Begründung von „Aufsatzformen“ als „Textsorten“, wie auch für die Entwicklung einer Textanalyserasters als Grundlage für die Bewertung von Schülertexten. Blicken wir aber auf die Entwicklung aufsatzdidaktischer Konzeptionen seit den 70-er Jahren, so scheint auch die Textlinguistik keinen durchschlagenden Einfluss gehabt zu haben. Als eigenständige aufsatzdidaktische Position gewinnt sie in der Fachdidaktik, wenn ich recht sehe, an keiner Stelle deutliche Konturen. So findet selbst in den kritischen und diskussionsfreudigen 70-er Jahren schließlich nicht einmal eine Ablösung des traditionellen Begriffs des Aufsatzes durch den Begriff des Textes bzw. der Textsorte statt.

Es ist schwer zu sagen, woran es gelegen haben mag, dass die Textlinguistik, die sich als linguistische Teildisziplin lebhaft entwickelt und weiter ausdifferenziert, keine (aufsatz-)didaktische Karriere macht. Wird sie einfach ‚übersprungen' oder durch Ansätze zum kreativen Schreiben und schließlich durch die ebenfalls bald einsetzende Prozessorientierung quasi ‚überrollt'? Immerhin hätte sie gut zu den Pragmatisierungstendenzen gepasst, die bereits den kommunikativen Aufsatz inspiriert hatten. So zeigt beispielsweise der sog. Textsortenzirkel in einem Kreismodell die jeweilige

Orientierung eines Textes bzw. einer Textsorte auf Schreiber, auf Leser, auf die darzustellende Sache wie auf die Sprache selbst. Entsprechend ist das „Verorten von Textsorten anhand des Organonmodells von Karl Bühler“ gedacht, das zu einem Dreiecksmodell führt, wie bei Steinig/ Huneke (2004, 108) ausgeführt. Hier erscheint der Sprachbezug und damit eine Anbindungsmöglichkeit für die poetische Funktion zunächst ausgeklammert. Wenn dann allerdings die Textsorte „Gedicht“ eingeordnet werden soll, kann sie nur der Ausdrucksfunktion und damit dem „Sender“ zugeordnet werden, was die oben bereits angesprochenen poetologischen Implikationen einer Reduktion des Heuristischen wie des Kreativen auf identitätsbildende Funktionen hat, die dann wiederum wohl kaum zum kommunikationstechnisch orientierten Begriff des „Senders“ passen dürften.

Ob man solcher Probleme bzw. Inkonsequenzen, die man mit Anleihen aus ganz unterschiedlichen Theoriesträngen schafft, mit weiteren (textlinguistischen) Unterscheidungen wie ‚fiktional – nicht-fiktional‘, ‚privat – öffentlich‘ Herr zu werden vermag, sei dahingestellt. Jedenfalls dürfte in der Einordnung des Poetischen nicht das entscheidende aufsatzdidaktische Problem liegen, denn poetische Ansprüche werden in der Regel an keine der Aufsatzformen gestellt. Es sind traditionell - vom kurzen Zwischenspiel des „freien Aufsatzes“ in der Reformpädagogik einmal abgesehen - eher Zweckformen gewesen, an denen sich die Darstellungsarten orientiert haben. Paradoxerweise sind sie aber gerade dadurch ihrer kommunikativ-pragmatischen Orientierung beraubt worden, dass sie zu grundlegenden, quasi existentiellen Darstellungsarten stilisiert worden sind. Möglicherweise zeigen sie sich auch gerade deshalb widerständig und lassen sich nicht ohne weiteres textlinguistisch in ihre ursprünglich kommunikativ-pragmatische Orientierung zurückholen. Dass in einem textsortenlinguistischen

Begründungsversuch nicht mit der gleichen Einfachheit wie im sprachbildenden Modell der Aufsatzarten zu rechnen ist, da sich ein zunächst fast unüberschaubares Spektrum an vielfältigen Textsorten auftut, mag ein weiterer Grund dafür gewesen sein, dass eine konsequent textlinguistische Argumentation die traditionelle Aufsatzdidaktik nicht einfach abzulösen vermochte.

Gleichwohl lässt sich – nicht zuletzt als Reflex in neueren Sprachbüchern – feststellen, dass mit der Zeit zunehmend funktional argumentiert wird, indem mit Bezug auf die Bühlerschen Kategorien Darstellung, Appell und Ausdruck etwa informierendes, appellierendes und fabulierendes Schreiben unterschieden werden (vgl. Payrhuber 2001), so dass mit der Einsicht in die doppelte Funktionalität des Schreibens „für sich und andere“ auch die unfruchtbare Opposition von Kommunikation und Heuristik überwindbar erscheint.

Schreib(prozess)forschung

Bereits seit den 60-Jahren gewinnen prozessbezogene Forschungsprogramme an Bedeutung. Sie repräsentieren allerdings in der Regel ein anderes wissenschaftstheoretisches Paradigma als das seinerzeit herrschende (neo)positivistische, auf Kausalerklärungen abhebende (gerade auch in den Sozialwissenschaften). So weist etwa A. Cicourel im soziologischen Kontext bereits Mitte der 60-er Jahre darauf hin, dass „das signifikante Interesse des Soziologen nicht bloß dahin (geht), welche Korrelationen oder allgemeinen Beziehungen unter den ‚objektiven' Daten existieren, sondern wie das bürokratische Personal sie interpretierte und auf sie einwirkte (Cicourel 1974, 60). Dies muss zwar nicht die völlige Abkehr von der Analyse von Daten als Produkten bedeuten, wohl aber wird jetzt in Rechnung gestellt, dass Produkte verschiedenster Art erst dadurch zu ‚Daten' werden, dass sie zu bestimmten bürokratischen Zwecken durch das Handeln von Agenten einer Institution allererst hervorgebracht und interpretiert, d.h. in die Form dessen gebracht werden, was wir dann „Daten“ zu nennen geneigt sind. Eben dieses Handeln selbst und nicht nur die dadurch hervorgebrachten Produkte zum Gegenstand der Erforschung zu machen, hat nicht nur theoretische, sondern auch methodologische Konsequenzen.

Während statisch verstandene Produkte strukturell-relational und nicht zuletzt auch quantitativ untersucht werden können, bedingt eine Orientierung auf Prozesse (insbesondere sozialen Handelns) eine methodologische Umorientierung auf Verstehens- und Interpretationsprozesse von handelnden Subjekten. Diese sind als solche nicht sichtbar, sondern nur in ihren Auswirkungen (Ergebnissen) „beobachtbar“. Damit sind wir bei der Untersuchung von sozialem (und auch sprachlichem) Handeln auf indirekte Verfahren der Datenerhebung angewiesen. Ein gängiges Verfahren, etwas zu ermitteln, was wir nicht durch einfache Wahrnehmung und auch nicht durch gezielte Beobachtung in Erfahrung bringen können, ist es gerade in den Sozialwissenschaften, Menschen zu befragen, z.B. nach Einstellungen. Dabei geben Sie je nach Fragestellung darüber, was sie wissen, was sie zu wissen glauben, welche Einstellungen sie zu bestimmten Fragen haben usw. mehr oder weniger bereitwillig Auskunft. Über indirekte Verfahren sind also eher ‚subjektive' als ‚objektive' „Daten“ zu gewinnen: Daten, die mehr noch als andere Daten interpretiert und ggf. auch relativiert werden müssen, zumal sich die (indirekte) Art ihrer Erhebung nicht nur darauf auswirken kann, was überhaupt als ‚Datum' elizitiert wird, sondern auch die zu „beobachtenden“ und für die Analyse zu dokumentierenden Prozesse in mehr oder weniger unkontrollierter Weise beeinflussen kann.

Die mit dem Wechsel der Forschungsperspektive vom Produkt zum Prozess sich in gewisser Weise verschärfende Problematik der „Datenerhebung“ in den Sozialwissenschaften, wie wir sie grob zu umreißen versucht haben, findet sich in ähnlicher Weise auch in der Sprachwissenschaft und Sprachdidaktik, wenn die Größen ‚Text’ und ‚Schreibprozess’ zur Diskussion stehen. Als quasi statisch verstandenes Produkt kann der Text strukturell-relational relativ leicht zum Untersuchungsobjekt gemacht werden. Er scheint als ein objektives materielles Gebilde schlicht vorzuliegen und sich somit geradezu für eine (strukturelle) Analyse anzubieten; er hat Anfang und Ende, scheint in sich abgeschlossen und im Allgemeinen thematisch und/oder formal kohärent. Dementsprechend könnte man auch im Hinblick auf die Größe ‚Aufsatz’ im traditionellen Sinn geltend machen, dass nur Aufsätze als abgeschlossene „Sprach-Gebilde“ einer einigermaßen objektivierbaren Bewertung und Beurteilung zugänglich sind (bei aller bekannten und zugestandenen Subjektivität, die sich jedoch nicht so sehr in einem Dissens bezüglich der Beurteilungskriterien an sich, sondern eher bezüglich ihrer Gewichtung und Bewertung im gegebenen Kontext offenbart).

Ist der Text oder der „Aufsatz“ aber tatsächlich eine so abgeschlossene, quasi objektive Größe oder ist er vielleicht gar nicht so statisch zu betrachten, wie es die Aufsatzdidaktik und wie es auch die Textlinguistik zunächst getan hat? In Bezug auf den aktuellen Diskussionsstand muss man wohl sagen, dass der Text weder eine „objektive“, noch eine „abgeschlossene“ Einheit ist, dass wir ihn zumindest textlinguistisch heute nicht mehr so betrachten. Um auch diese Entwicklung der textlinguistischen Diskussion grob zu skizzieren (und natürlich auch wieder zu fragen, welche Konsequenzen diese Diskussion für die Weiterentwicklung der Aufsatz- bzw. Schreibdidaktik haben könnte), muss man m.E. auf den Begriff der Intertextualität wie auf den des Diskurses rekurrieren. Texte mögen vom Leser zwar als abgeschlossen wahrgenommen werden, zumal wenn er sie zwischen zwei Buchdeckeln eingeschlossen findet, tatsächlich aber sind sie nur ein Element in einem Kontinuum von Texten, in dem sie in vielfältiger Weise auf jene anderen Texte, auf Vorgänger- und Nachfolgertexte, Bezug nehmen, die sie nicht sind, denen sie sich aber insofern verdanken, als sie nur in dem Diskurs, als dessen Teil oder Element wir sie deuten, ‚Sinn machen' bzw. verstehbar sind.

Wenn nicht schon ‚einfache' textlinguistische Ansätze, wie sollten dann diskursanalytische Konzeptionen Eingang gefunden haben in die aufsatzdidaktische Diskussion? Soweit ich sehe, kommen sie in der Tat allenfalls dort vor, wo der Diskursbegriff (wohl als Entlehnung aus dem französischen *discours* verstanden) als gesprächsanalytische Kategorie Verwendung findet. So scheinen bestimmte fachwissenschaftliche Diskussionsstränge kaum Auswirkungen auf die fachdidaktische Diskussion zu haben, während es andererseits überrascht, dass andere Positionen, wie etwa die konstruktivistische, durchaus Eingang in die allgemeine Didaktik gefunden haben. Fachdidaktik erscheint demgegenüber eher konservativ und verharrt - dies scheint z.Zt. fast mehr für die Sprachdidaktik als für die Literaturdidaktik zu gelten – in Paradigmen, die sich tendenziell verselbständigen und von der fachwissenschaftlichen Diskussion abkoppeln.

Dennoch verwundert es, dass in der aufsatzdidaktischen Diskussion, die Textlinguistik und insbesondere die Textsortenlinguistik didaktisch, wie gesagt, nicht zum Tragen kommt, während es (mich) weniger verwundert, wenn intertextuelle und diskursanalytische Ansätze sich nicht nur nicht durchsetzen, sondern im Grunde überhaupt nicht wahrgenommen werden, vielleicht, weil sie schlichtweg nicht rezipiert oder verstanden werden. Die Verselbständigung der fachdidaktischen Diskussion bzw. der Praxis des Deutschunterrichts i.S. einer Ignorierung des Standes der fachwissenschaftlichen Diskussion hat durchaus Tradition, wenn sich beispielsweise die Tradition des sprachbildenden Aufsatzes ungebrochen fortsetzen konnte, ohne dass die fachwissenschaftlichen wie fachdidaktischen Diskussionen der letzten Jahrzehnte in der Praxis des Aufsatzunterrichts wirklich zur Kenntnis genommen worden sind. Tradition hat allerdings auch, dass umgekehrt die praktischen Erfahrungen mit diesem oder jenem didaktisch-methodischem Konzept in der fachdidaktischen Diskussion oft kaum zur Kenntnis genommen worden sind. Grund genug, mit der Reform der Lehramtsstudiengänge erneut die Hoffnung zu verbinden, die wechselseitige Ignorierung von Theorie und Praxis möge endlich ein Ende haben.

Während also einerseits der Text als Produkt nicht mehr isoliert betrachtet wird, sondern in seinen Verflechtungen mit anderen Texten bzw. als Diskurselement, verlagert andererseits die Textlinguistik selbst ihr Interesse vom strukturell zu analysierenden Text hin zu Prozessen der Textproduktion. Aus diesem Perspektivenwechsel ergibt sich aufsatzdidaktisch ein erster Impuls, den Aspekt der Textproduktion neben produktorientierten Aspekten mit in didaktische und methodische Überlegungen einzubeziehen. Dieser Impuls wird dadurch verstärkt, dass neben der neuen Prozessorientierung der Textlinguistik die sich in den USA entwickelnde Schreibforschung ihren Untersuchungsgegenstand von Anfang an nicht mehr produktbezogen, sondern prozessbezogen definiert. Schreibprozesse theoretisch zu modellieren und empirisch zu untersuchen, wird zur Aufgabe einer neuen Forschungsrichtung, der *(empirischen) Schreibforschung*. Und gerade deren theoretische Überlegungen wie empirische Untersuchungsergebnisse haben nun offensichtlich Konsequenzen für die schreibdidaktische Diskussion, die jetzt – in den 80-er Jahren – einerseits in Richtung ‚kreatives Schreiben', andererseits in Richtung ‚Prozessorientierung' tendiert, dabei aber auch beide Richtungen aufeinander zu beziehen, wenn nicht zu integrieren versucht.

Auf die erste Richtung, die des kreativen Schreibens, wollen wir in unserem Argumentationszusammenhang nicht weiter eingehen, da wir ja den Weg von der Tradition der Aufsatzdidaktik zu einer modernen Schreibdidaktik zu rekonstruieren versuchen, wobei wir die moderne Schreibdidaktik hierbei tatsächlich soweit ‚verkürzen' bzw. einseitig sehen, dass wir sie vorwiegend in ihrem Bezug zur Entwicklung einer prozessorientierten Betrachtung der Textproduktion bzw. des Schreibprozesses in der Textlinguistik bzw. in der Schreibforschung verstehen. - Betrachten wir nun neben dem Schreibprodukt, dem Text oder Aufsatz, auch den Schreibprozess, so muss sich auch die Aufsatzdidaktik einer Vielzahl von neuen Fragen und didaktisch-methodischen Aufgaben stellen, die nicht einfach als eine Verschiebung des Interessenfokus vom Textprodukt zur Textproduktion, zum Schreibprozess zu beschreiben sind, sondern eine so grundlegende Neuorientierung der Aufsatzdidaktik zur Folge haben, dass wir nicht mehr von „Aufsatzdidaktik", sondern nunmehr von einer „Didaktik des Schreibens" bzw. des „Schreibenlernens" sprechen möchten. Schon in den 90-er Jahren macht sich dieser Perspektivenwechsel in den Titeln grundlegender aufsatz- bzw. schreibdidaktischer Werke bemerkbar. Sprachen Beck/Hofen (1993) noch schlicht vom „Aufsatzunterricht in der Grundschule" so wird diese Gegenstandsbeschreibung bei Payrhuber (2001) zum Untertitel einer Arbeit „herabgestuft", die nun im Haupttitel „Schreiben lernen" heißt. Auch im fremdsprachendidaktischen und selbst im hochschuldidaktischen Kontext taucht seit den 80-er Jahren immer häufiger der Begriff des Schreibens bzw. der Aspekt der Textproduktion auf, was wir, wie gesagt als

Anzeichen für eine zunehmende Prozessorientierung nun auch in der Schreibdidaktik deuten können.

‚Prozessorientierung' bringt nun aber auch noch einen anderen Aspekt des Schreibens bzw. des Schreibenlernens wieder ins Spiel, der neben Fragen des Sprach- und insbesondere des Schriftspracherwerbs (im grundschuldidaktischen Kontext weitgehend auf ‚Erstschreiben' und ‚weiterführendes Schreiben' reduziert) fast in Vergessenheit geraten war, den Aspekt der Schreibentwicklung, also des *Prozesses des Schreibenlernens*. Parallel zur Frage nach dem ‚Schreiben als Prozess' stellt sich also in der Tat ebenso die Frage nach dem ‚Prozess des Schreibenlernens' als genuin didaktische Frage. Ähnlich wie bislang die Frage nach dem jeweiligen „Sprachstand" meiner Schüler und Schülerinnen, nach ihrem jeweiligen Sprachkompetenzniveau im Hinblick auf Wortschatz und Syntax einen wichtigen Aspekt der Bedingungsanalyse bei der Planung von Unterricht ausmachte, gilt es nun speziell für den Aufsatzunterricht ihren Schreibentwicklungsstand zu erheben als Grundlage dafür, dass wir einigermaßen realistische Annahmen darüber machen können, welche Schreibleistungen wir auf einem bestimmten Stand der Schreibentwicklung von unseren Schülern und Schülerinnen erwarten können.

Der Schreibprozess

Auf unterschiedlichen Entwicklungsstufen ist auch die Wahrnehmung der jeweiligen Schreibhaltungen bzw. verschiedener Aspekte des Schreibprozesses durch die Schreiber selbst (Metakognition) unterschiedlich und entsprechend auch die Bereitschaft, einzelne Phasen des Schreibprozess noch einmal zu durchlaufen, also von einer erreichten „Stufe" noch einmal zurückzugehen auf eine vorangegangene. Und schließlich ist zunächst – jedenfalls ohne ein geeignetes methodisches Szenario – auch die Bereitschaft, das endlich fertiggestellte eigene Textprodukt noch einmal infrage zu stellen und erneut zu bearbeiten, in der Regel nicht besonders ausgeprägt. Gleichwohl legt nicht nur die Schreibforschung, sondern auch die Schreibdidaktik besonderes Gewicht auf eine Strukturierung bzw. Phasierung des Schreibprozesses insgesamt wie insbesondere auch auf den Teilprozess des *Überarbeitens*. Daher wollen wir, bevor wir uns noch einmal didaktisch-methodischen Überlegungen zuwenden, zunächst die mögliche Gliederung oder ‚Zerlegung' des komplexen Schreibprozesses in Teilprozesse und dabei insbesondere den Teilprozess der Textbearbeitung, das „re-writing", aus der Perspektive der Schreibtheorie und der empirischen Schreibforschung diskutieren.

Teilprozesse

Es ist fast ein Allgemeinplatz, dass man mit dem Schreiben nicht einfach anfängt, sondern dass es vorbereitender Maßnahmen für das Schreiben bedarf. Und es bedarf einer gewissen technischen Ausstattung, derer es in der mündlichen Kommunikation nicht bedarf. Das Schreibwerkzeug und das Speichermedium müssen bereitgestellt werden, es muss ein geeigneter Schreibort, ein „Platz zum Schreiben", gefunden werden u.a.m. – und das sind nur die aller-ersten, mehr oder weniger technischen oder äußerlichen Maßnahmen, bevor ich überhaupt mit dem Schreiben beginnen kann. Wenn ich mündlich kommunizieren will, bedarf es solcher vorbereitender Sorgfalt nicht. Was ich an ‚Sprechwerkzeugen' benötige, muss ich nicht ‚bereitstellen', ich brauche kein Mäppchen, keine Kollegmappe, keinen Block, ich kann jederzeit und an jedem Ort meine Sprechwerkzeuge einsetzen, sie stehen mir organisch ebenso überall zur Verfügung wie die entsprechende rezeptive organische Ausstattung.

Was wir hier ‚Werkzeuge' nennen, sind im eigentlichen Sinn gar keine, es sind Teile meiner organischen Ausstattung als Mensch, als sprechendes Wesen: Sprechen ist ‚leibgebunden'. Der ‚Sprechapparat' ist in diesem Sinn auch kein ‚Apparat', den ich an- und ausschalten müsste, um über ihn zu verfügen; ich brauche keinen Benutzernamen und kein Password, denn es ist nichts außerhalb von mir, zu dem ich Zugang bekommen möchte, ich denke, ich spreche, ich höre. Ich bin das, was als ‚mein Sprechen', für andere und zugleich für mich, erscheint. Ich bin Sprechen und Hören, ich bin Sprache, die kein (beliebiger) Teil von mir ist, sondern etwas, was wesensmäßig zu meinem Menschsein dazugehört, was zu einem großen Teil meine Identität ausmacht.

Bin ich im gleichen Sinn auch Schrift? Ist – wenn man poststrukturalistisch bzw. dekonstruktivistisch argumentieren möchte – Schrift mir von Anfang an ‚eingeschrieben' und dann keineswegs ein ‚sekundäres System', wie es die (strukturalistische) Linguistik oder die logozentrische (sprach)philosophische Tradition nahelegen? Nein, damit kommen wir sprachdidaktisch nicht weiter: Im teilweise mühsamen Schrifterwerb spinnt das Kind jedenfalls Schrift nicht einfach aus sich heraus, es erwirbt sie grundlegend anders als es seine Muttersprache erwirbt. Es muss sie lernen. Dabei lernt das Kind auch, dass man Stifte und Papier oder Tafel und Kreide braucht (auch wenn man in die Luft ‚schreiben' kann), Medien, um das, was in der gesprochenen Sprache flüchtig ist, für die Weitergabe, die Übermittlung an andere, in der Regel abwesende Partner verfügbar zu machen.

Soweit wir die Geschichte der Aufsatzdidaktik zu rekonstruieren versucht haben, ist allerdings schon klar geworden, dass wir den als ‚kommunikative Wende' markierten Neubeginn der aufsatzdidaktischen Diskussion Anfang der 70-er Jahre des 20. Jahrhunderts nicht auf die Herausarbeitung der kommunikativen Funktion auch in der Schriftlichkeit reduzieren können.

So sollte auch unter dem jetzt hervorgehobenen medialen Aspekt die Leistung von Schriftlichkeit keineswegs auf die Ausweitung der kommunikativen Möglichkeiten, auf die Möglichkeit einer „Zerdehnung" der Sprechsituation, wie K. Ehlich (1983) es genannt hat, reduziert werden. Ebensowenig sollte die Konservierungsmöglichkeit, die die Schrift bietet und der sich auch die Möglichkeit einer raum-zeitlichen Zerdehnung der Sprechsituation verdankt, verabsolutiert werden. Wie oben dargestellt, ist neben den qualitativ anderen Kommunikationsmöglichkeiten, die Schrift in der Tat bietet, die heuristische Funktion des Schreibens gleichermaßen bedeutsam, zumal gezeigt werden kann, dass dies eine genuine Leistung der Schrift (und nicht der gesprochenen Sprache) ist. So gesehen – kommunikativ wie heuristisch – lohnt sich die Mühe des Schrift- bzw. Schriftspracherwerbs, es lohnt sich – etwas schlichter ausgedrückt - sich mit Stift und Papier zu versorgen, die Buchstabenschrift zu erlernen, erste Wörter und Sätze und schließlich erste kleine, dann größere Texte zu schreiben, für sich aufzubewahren oder zu verschicken.

Es lohnt sich, weil es mir einerseits neue kommunikative Möglichkeiten eröffnet und weil es mir andererseits die Möglichkeit eröffnet, meine inneren Gedanken und Gefühle, die Ergebnisse meiner Auseinandersetzung mit der Welt als etwas zu betrachten, das außerhalb von mir eine objektive Form gewonnen hat. Es lohnt sich, neben dem primären Medium der mündlichen Kommunikation, bei dem es weder auf der produktiven, noch auf der rezeptiven Seite technischer

Hilfsmittel bedarf, die Beherrschung eines *sekundären Mediums* zu erlernen, bei dem es zwar zur Produktion technischer Hilfsmittel bedarf, nicht jedoch zur Rezeption, hier also zum Lesen. In diesem medientheoretischen Sinn sind Lesen und Schreiben Kultur*techniken.* Ebenso lohnt es sich, didaktisch-methodisch an erste pädagogisch mehr oder weniger unkontrollierte Begegnungen mit *tertiären Medien* anzuknüpfen, um die auf der Seite der Rezeption erfahrene Notwendigkeit der Nutzung technischer Apparaturen kritisch reflektieren zu können. (Auf die sich hier ergebenden medientheoretischen und mediendidaktischen Fragen können wir hier nicht näher eingehen.)

Bleiben wir also bei den sekundären Medien und beim Schreibprozess. Auch abgesehen von den angesprochenen eher äußerlichen vorbereitenden Maßnahmen auf das Schreiben erscheint die Produktion eines Textes (und je nach Entwicklungsstand auch das Niederschreiben eines Wortes oder eines Satzes) als anspruchsvolle Aufgabe, deren Komplexität allerdings didaktisch-methodisch kaum hinreichend reflektiert worden zu sein scheint. – Eine Möglichkeit, Komplexität zu reduzieren und handhabbar zu machen, besteht darin, einen komplexen Prozess wie den Schreibprozess in Teilprozesse zu „zerlegen".

Genau dies hat die Schreibforschung in mehr oder weniger übereinstimmenden Schreibmodellen versucht. Ohne die Geschichte der Schreibforschung hier im einzelnen nachzeichnen zu wollen, kann man neben dem oben bereits angesprochenen Modell der Schreibentwicklung von Bereiter (1980) zwei Modelle hervorheben, die den Schreibprozess in seiner Komplexität zu erfassen und theoretisch-empirisch zu modellieren versuchen, das (ursprüngliche) Modell von Hayes und Flower (1980) sowie eine Adaptation und didaktische Umakzentierung dieses Modells durch Otto Ludwig

(1983) in seinen „Gedanken zu einer Theorie des Schreibens“. Während Hayes/Flower (1980) den Schreibprozess zunächst in drei Teilprozesse untergliedern, die im Grunde auch in der Praxis des traditionellen Aufsatzunterrichts nicht ganz unbekannt sind, geht Ludwig (1983) von fünf Teilprozessen aus, indem er „motivationale Prozesse“ und „motorische Prozesse“ hinzufügt. Alle Schreibmodelle nehmen in der Regel Randbedingungen wie die Verfügbarkeit des Langzeitgedächtnisses und den im voranschreitenden Schreibprozess entstehenden Text („text produced so far“) mit auf. Und alle Modelle sehen als einen bedeutsamen Teilprozess den Prozess der Textüberarbeitung, redigierende Aktivitäten („reviewing“), die den Textentwurf letztendlich erst publikationswürdig machen. Schauen wir uns die einzelnen Teilprozesse und dabei insbesondere die redigierenden Aktivitäten etwas genauer an.

Hayes/Flower (1980) gehen von drei Phasen des Schreibprozesses aus, den Planungsprozessen („planning“), dem eigentlichen Schreib- bzw. Formulierungsprozess („translating“) und den Bearbeitungsprozessen („reviewing“). In der Planungsphase wird Wissen aus dem Langzeitgedächtnis des Schreibers hinsichtlich des Themas und des Publikums aktiviert oder ‚genereriert’ („generating“). Thema und Publikum bilden zugleich die wesentlichen Elemente der „Aufgabenumgebung“, die somit den Prozess der Wissensgenerierung anregt und steuert. Ist entsprechendes Wissen, auch hinsichtlich geeigneter Schreibpläne („stored writing plans“) vorhanden und aktivierbar, kann in der Planungsphase das Schreibziel festgelegt und der eigentliche Schreibprozess organisiert bzw. vorstrukturiert werden. Der eigentliche Schreib- oder Formulierungsprozess, den Hayes/Flower (1980) mit dem etwas befremdlichen Begriff des Übersetzens („translating“) bezeichnen, macht in der zweiten Phase des Schreibprozesses das aus, was wir gemeinhin unter

‚Schreiben' verstehen, den Prozess des Etwas-Aufs-Papier-Bringens, des Niederschreibens.

Diese Metaphorik verführt allerdings zu der Annahme, das in Planungsprozessen gedanklich Vorgefertigte müsse nur noch in sprachliche Einheiten „übersetzt“ werden, so als liege zunächst ein „sprachfrei“ entstandenes, als solches aber in sich abgeschlossenes, fertiges Produkt vor. Man könnte allerdings auch annehmen, es handele sich im Gedächtnis um propositionale Strukturen, die zwar nicht sprachfrei, aber noch nicht einzelsprachlich ausformuliert seien, so dass quasi aus einer propositionalen Struktur in die jeweiligen einzelsprachlichen Strukturen zu „übersetzt“ werden müsse, damit ein entsprechender Text entstehen kann. In der Tat entsteht der Text bei allen notwendigen vorbereitenden Maßnahmen erst im eigentlichen Prozess des Schreibens, also erst in dem Moment, in dem er verfasst, d.h. unter Einsatz motorischer Prozesse sprachlich formuliert wird. Dann erst ‚erscheint' der Text, so wie er geplant worden ist (sofern man bestimmte Formulierungen tatsächlich ‚plant') oder so, wie er im Prozess des Formulierens und motorischen Schreibens als (sichtbarer) Text bzw. als Textstück zum ersten Mal vor den Augen des Schreibers entsteht, wie auch immer irgendwelche vorgängigen (nicht sichtbare) „Prätexte“ (im Kopf des Schreibers) ausgesehen haben mögen.

Gerade im motorischen Prozess des Schreibens wird die Prozesshaftigkeit des Schreibens in einem anderen Sinn deutlich. Ganz abgesehen davon, dass er in Teilprozesse gegliedert werden kann, dass dem eigentlichen Schreiben theoretisch beliebig umfangreiche Planungsprozesse vorausgehen können, manifestiert sich gerade hier der Charakter des Schreibens selbst als zeitlicher Prozess. Das Schreiben selbst ist ein Prozess, der Zeit braucht, der immer wieder unterbrochen werden kann und unterbrochen wird, weil auch während des Schreibens weiter ablaufende Planungsprozesse und erste Revisionsprozesse Zeit brauchen. Wir schreiben zwar meistens (wahrscheinlich viel zu oft) unter Zeitdruck, aber auch das zeigt einmal mehr, dass der Prozess des Schreibens Zeit braucht (die wir nicht immer haben). – In der Zeit ‚entsteht' durch Schreiben und während des Schreibens Stück für Stück, Wort für Wort, Satz für Satz ein Text, beginnend mit den Mühen, den motorischen Prozess zu bewältigen, endend mit den Mühen, einen zusammenhängenden, den eigenen Ansprüchen, wie den Ansprüchen der potentiellen Leser genügenden Text zu verfassen.

In diesem Prozess des Entstehens eines Textes wird zwar etwas Inneres nach außen gebracht, etwas, dessen wir uns im Prozess des Schreibens quasi entledigen (und auf diese Weise in einem pseudo-therapeutischen Sinn ‚frei' werden), in einem anderen Sinn schränkt der entstehende Text unsere Freiheit allerdings immer mehr an. Ich habe, zumindest ohne korrigierende Eingriffe, nicht mehr die Freiheit, aus den einmal begonnenen sprachlichen Strukturen auszubrechen, ich muss den Satz so vollenden, wie ich ihn begonnen habe. Ein so verstandener Schreibprozess verweist bereits auf eine durchaus nicht zu vernachlässigende Beziehung zu einem Textprodukt, hier auf den entstehenden Text, der bereits in jedem Moment seines Entstehens durch und durch Text, wenn auch ein fragmentarischer, ist. Zwischen dem Voranschreiten des Schreibprozesses und dem entstehenden Text nehmen auch Hayes/Flower eine Wechselwirkung an, die jedoch nicht näher untersucht wird. Welche Rolle (der natürlich vom Schreiber zu lesende!) entstehende Text für die schulische Textproduktion spielt, wäre nicht zuletzt im Hinblick auf den inneren Zusammenhang von Schreib- und Leseprozessen von mehr als marginalem Interesse. Denn nicht erst nach Fertigstellung seines Textentwurfs wird der

Schreiber zum ersten Leser seines Textes, er ist es bereits während des gesamten Schreibprozesses.

Im deutschsprachigen Raum beginnt die Rezeption der anglo-amerikanischen Schreibforschung mit der Auseinandersetzung mit den Arbeiten von Hayes/ Flower (1980), Bereiter (1980) u.a. mehr oder weniger zeitversetzt in den 90-er Jahren, und erstaunlicherweise ist daran von Anfang an die Sprachdidaktik beteiligt. Schon die von Ludwig (1983) vorgestellten „Gedanken zu einer Theorie des Schreibens" bezeugen nicht zuletzt ein didaktisch-methodisches Interesse an der Weiterentwicklung der Aufsatzdidaktik, das in nachfolgenden ausdrücklich schreibdidaktischen Arbeiten ganz in den Vordergrund rückt, insbesondere nachdem Ludwig (1988) noch einmal die Geschichte des „Schulaufsatzes" umfassend aufgearbeitet hat. Ludwigs Modell des Schreibprozesses bezieht, wie gesagt, nicht zuletzt im Kontext eines schreibdidaktischen Interesses zwei weitere Teilprozesse mit ein, die „motivationale Basis" und die „motorischen Prozesse". Auf die Bedeutung der motorischen Prozesse haben wir bereits weiter oben hingewiesen, die motivationalen Prozesse, wenn es denn „Prozesse" sind, sind wohl eher bei den Voraussetzungen des Schreibers anzusiedeln und nicht unbedingt als Teil des Schreibprozesses zu verstehen. So rückt auch in dem modifizierten Modell von Hayes (1996) die Phasierung des Schreibprozesses in den Hintergrund, während in erster Linie die Beziehung zwischen den kognitiv-emotionalen Bedingungen des Schreibers und der Schreibumgebung theoretisch zu modellieren versucht wird (vgl. Becker-Mrotzek/Böttcher 2006, 40). Von schreibdidaktischem Interesse ist nun aber insbesondere die Spezifizierung redigierender Prozesse, d.h. all das, was wir weiter oben bereits als Prozesse der Textbearbeitung oder –überarbeitung angesprochen haben, was aber in der Tat noch wesentlich genauer zu fassen ist.

Redigierende Prozesse

Die didaktisch-methodisch zentrale Unterscheidung bei den verschiedenen Arten von redigierenden Prozessen ist die zwischen Korrekturen und Bearbeitungen. Korrekturen basieren auf einer einfachen Unterscheidung von ‚richtig' und ‚falsch', setzen also voraus, dass wir uns auf eindeutige sprachliche Normen beziehen können, um die Richtig-Falsch-Unterscheidung zu begründen. Ein relativ einfaches Beispiel sind die Rechtschreibnormen, auch wenn diese gelegentlich (in der aktuellen Situation der neu geregelten deutschen Rechtschreibung eher öfter) alternative Schreibungen vorsehen, die allerdings nicht auf Dauer Bestand haben müssen. Einen Rechtschreibfehler kann man entsprechend leicht feststellen und eben auch korrigieren. Man sucht die für falsch befundene Schreibung an der entsprechenden Stelle im Wörterbuch bzw. man sucht gleich an der Stelle, an der man die (vermutlich) richtige Schreibung verzeichnet findet. Erweist sich die Schreibung im Text tatsächlich als falsch, „bearbeitet" man nicht den Text, sondern korrigiert den Fehler und passt den Text so den geltenden Normen an. Das kann ein professioneller Lektor oder Korrektor tun, das kann die Lehrkraft tun, das können die Schreiber selbst tun.

Für Schüler und Schülerinnen sind zwar auch mit dem Suchen, Auffinden und Korrigieren von Rechtschreibfehlern gewisse Schwierigkeiten verbunden, bis hin zur effektiven Benutzung von Nachschlagewerken, im Prinzip ist das Korrigieren von Fehlern jedoch einfach im Vergleich mit „echten" Bearbeitungen eines Textes. Letztere basieren nicht auf einfachen Richtig-Falsch-Entscheidungen, die Frage, ob und ggf. wie eine Textstelle, z.B. eine bestimmte Formulierung, verändert werden soll, ist vielmehr eine Frage der Angemessenheit. Auch in Fragen der Angemessenheit kann man sich freilich auf so etwas wie Normen beziehen. Diese ermöglichen allerdings in der Regel keine einfache Richtig-Falsch-Entscheidung, sondern lassen die betreffende Textstelle/ Formulierung als mehr oder weniger angemessen erscheinen. Worauf wir uns hier beziehen können, sind gewisse, wenn man so will stilistische Vorstellung von dem, was einen „guten“ Text ausmacht. Stilistische Normen sind also, wie auch das Prädikat ‚gut’ verdeutlicht, etwas völlig anderes als die erwähnten Rechtschreibnormen, d.h. im konkreten Fall bin ich nicht unbedingt sicher, ob man etwas so schreiben kann, darf bzw. sollte, wie ich es in einem Textentwurf vorfinde. Dementsprechend bin ich oft ebenso wenig sicher, wie man es denn besser formulieren sollte und aufgrund welchen Kriteriums (welcher Norm) ich begründen kann, dass mein Bearbeitungsvorschlag zu einer Verbesserung des Textes führt. Man spürt bei solchen Überlegungen bereits, was auf einen zukommt: die bekannte Last, einen Text zu bewerten, die Bewertung zu begründen und seinerseits ebenso gut begründete Verbesserungsvorschläge zu machen.

Textbearbeitungen jenseits von Korrekturen verweisen uns stets auf diesen Zusammenhang, etwas bewerten zu müssen, und zwar nicht als ‚richtig’ oder ‚falsch’, sondern als ‚mehr oder weniger angemessen’. Aber ‚angemessen’ in Bezug worauf? Nicht in Bezug auf sprachliche Normen, sondern (i) in Bezug auf das, was der Schreiber mit seinem Text sagen, zum Ausdruck bringen oder mitteilen wollte. Die zu beurteilende Frage wäre hier also: Inwieweit trifft das, was ich geschrieben habe, meine Schreib- und Gestaltungsintention? Habe ich eine angemessene sprachliche Form für das gefunden, was ich (nicht ‚irgendwie’, sondern auf eine spezifische Weise) ausdrücken wollte? Ein Text kann (ii) angemessen sein in Bezug auf das, was der (potentielle) Leser erwartet, was er verstehen kann bzw. soll. Die zu beurteilende Frage ist hier: Ist mein Text in geeigneter Weise leserangepasst?

Beide Arten von Fragen sind natürlich nicht unabhängig voneinander, zumal die beiden genannten Arten von Ansprüchen an den Text durchaus konfligieren können. Wir kennen das Problem aus der Verständlichkeitsforschung: Heringer (1979) und Biere (1989, 45f.) haben darauf hingewiesen, dass ‚Verständlichkeit' nicht einfach ein Textmerkmal ist, sondern eine Art ‚Gratwanderung' zwischen den beiden Maximen „Sage, was zu sagen ist" und „Rede so, dass dein Partner dich versteht".

Auch wenn man alles auch anders (im Idealfall verständlicher) sagen kann, ist damit nicht garantiert, dass das, was man ‚anders' ausdrückt, davon unberührt bleibt. Die vermittelnde didaktische Maxime „Sorge dafür, dass dein Partner dich versteht" stimmt zwar optimistischer, bleibt aber natürlich mit der gleichen Problematik behaftet, wie man etwas anders sagen kann ohne etwas anderes zu sagen. Biere (1989) sieht den didaktischen Königsweg in einem verständlichmachenden Dialog, also im Wechsel des Modus der Sprachverarbeitung von der Schriftlichkeit in die Mündlichkeit, im Wechsel von der Anpassung an den Leser zu einer wechselseitigen Anpassung von Sprecher und Hörer in einer Art wechselseitigem Lernprozess. Damit verlassen wir jedoch die Ebene des schriftlichen Textes, um den es uns aufsatz- bzw. schreibdidaktisch geht. Im Sinne einer integrativen Deutschdidaktik wäre hier allerdings wiederum eine Schnittstelle zu sehen im Übergang von der Schriftlichkeit in die Mündlichkeit. Ein solcher Übergang zeigt sich ebenso in Konzepten wie dem der Schreibwerkstatt oder Schreibkonferenz, auf das wir im folgenden Abschnitt näher eingehen wollen. Wenn Schreiber nicht nur Texte schreiben (und lesen), sondern auch mit anderen Lesern über (ihre) Texte sprechen, dann liegt hier in der Tat ein Modell vor, dass Übergänge von schriftlicher zu mündlicher Kommunikation und umgekehrt, aber auch von individuellen zu kooperativkommunikativen Arbeitsphasen didaktisch-methodisch modelliert.

Schreibwerkstatt

In einer Werkstatt wird gearbeitet. Das zu bearbeitende Material, das in dieser Werkstatt bereitsteht, ist zunächst einmal „Sprache“:

(i) das gesamte (bzw. jeweils kognitiv verfügbare) Material der jeweiligen Muttersprache oder einer zu lernenden Fremdsprache, das sprachliche Wissen (z.B. sog. Textmusterwissen) und natürlich auch das „Weltwissen“ der Schüler, aber auch das des Lehrers, des „Werkstattleiters“;

(ii) in Form von Texten bereit zu stellendes sprachliches Material, das unabhängig von individuellen Trägern (d.h. von den Verfassern der Texte) externalisiertes, sprachlich konstituiertes und repräsentiertes Wissen unterschiedlichster Art verfügbar macht.

Also zum einen „Sprache“ in ihrer virtuellen Existenzform als *langue* und zum anderen „Sprache“ in ihrer realisierten, manifest gewordenen Form als *parole*, (d.h. als Text, als mündliche oder schriftliche Äußerung). - In einer eher instrumentalistischen Sprachauffassung könnte man auch auf den „Werkzeugcharakter“ von Sprache abheben, aber Sprache ist – und das macht die Werkzeugmetapher eher fragwürdig – doch ein merkwürdiges „Werkzeug“; ihr Vorhandensein in einer der beiden Existenzformen ist einerseits eine conditio sine qua non für das, was wir in einer Schreibwerkstatt lernen bzw. vermitteln wollen, nämlich Sprach- bzw. Textgestaltungskompetenz. Aber das „Werkzeug“ verändert sich auch, indem wir es benutzen. Allerdings nicht so wie eine Axt, die vom vielen Holzhacken allmählich stumpf wird, sondern eher so, dass sie schärfer wird und unsere Texte aussagekräftiger, treffender, präziser, angemessener, verständlicher macht.

Die in einer Schreibwerkstatt bereit zu stellenden Werkzeuge sind aber auch methodische Verfahren, Strategien, die wir nutzen können, um Texte (besser) zu gestalten, um unsere sprachlichen Ausdrucksmöglichkeiten zu erweitern. Wenn wir in der Schreibwerkstatt mit solchen Verfahren und Strategien umgehen, zunächst angeleitet, dann mehr und mehr selbstständig, wägen wir Textgestaltungsmöglichkeiten ab, akzeptieren oder verwerfen sie und sammeln so Erfahrungen, wie Texte (mehr oder weniger angemessen) gestaltet werden können: Wir erweitern unsere Textgestaltungs-Kompetenz.

Schreibkonferenz

Während der Begriff der Schreibwerkstatt eher unspezifisch und methodisch offen ist, ist das Konzept der Schreibkonferenz ein spezifischer didaktisch-methodischer Rahmen, in dem Schreib- und Textbearbeitungsprozesse in bestimmter Weise organisiert werden, so dass wir das didaktisch-methodische Konzept der Schreibkonferenz insgesamt charakterisieren können:

(i) als eine bestimmte Organisationsform für Schreib- und Überarbeitungsprozesse in einer Lerngruppe, aber auch

(ii) als eine Strukturierungshilfe für die Organisation des individuellen Schreibprozesses des einzelnen Lerners.

Beginnen wir mit dem zweiten Punkt: Wie wir uns die Strukturierung des Schreibprozesses vorstellen, hängt ab von dem schreibtheoretischen Modell, das wir dabei zugrunde legen. Stellen wir uns, wie es in der Literatur weitgehend übereinstimmend geschieht, den Schreibprozess als einen Problemlöseprozess vor, so modellieren wir ihn analog zu Merkmalen, die Problemlöseprozesse aufweisen. Auch wenn gelegentlich kritisiert worden ist, dass nicht hinreichend geklärt sei, in welchem Maße der Schreibprozess eigentlich Eigenschaften eines Problemprozesses aufweise, bzw. „worin das Problem beim Textproduzieren für den betreffenden Menschen besteht“ (Eigler et al. 1990, 49), befindet sich der Schreiber wohl in der Tat vom Beginn des Schreibprozesses an in einer spezifischen Problemlösesituation (vgl. Dörner 1976, 58ff.). Abgesehen davon, dass er textexterne Probleme durch Schreiben lösen kann, indem er im Schreibprozess Wissen generiert („epistemisches“ oder „heuristisches“ Schreiben), stellt die Bewältigung der Schreibaufgabe selbst ein (textinternes) Problem dar. Neben Problemen in der Planungsphase (konzeptionelle Prozesse) müssen bei den innersprachlichen Prozessen wie bei den redigierenden Aktivitäten Formulierungsprobleme gelöst werden.

Eine wesentliche Voraussetzung dafür, dass ich ein Formulierungsproblem an einer bestimmten Stelle des entstehenden Textes angemessen lösen kann, ist die Berücksichtigung des bereits entstandenen Textes (‚text produced so far’). Ich blicke im Schreibprozess also nicht nur voraus, sondern immer auch zurück, schreibe nicht fortlaufend vor mich hin, sondern im Entstehen meines Textes bin ich auch sein erster, kritisch kontrollierender Leser. Gerade als Problemlöseprozess ist der Schreibprozess demnach nicht als streng linearer Prozess zu verstehen, wie die Aufteilung in Phasen bzw. Teilprozesse auf den ersten Blick suggerieren könnte. Er besteht zwar aus einer prinzipiell identifizierbaren Abfolge von

Teilprozessen, diese können aber auch mehrmals durchlaufen werden. D.h. von jeder erreichten ‚Stufe' im Schreibprozess kann ich einerseits auf jede der bereits durchlaufenden Stufen zurück gehen (z.B. in einen erneuten Planungsprozess eintreten), andererseits kann ich den Teilprozess, in dem ich mich gerade befinde, mehrmals durchlaufen (gerade so oft, bis mir ein Formulierungsproblem angemessen gelöst erscheint, bis ich zu einer für mich befriedigenden Gestaltung des Textes gelangt bin, d.h. bis ich meine jeweilige Zielvorstellung sprachlich angemessen realisiert zu haben glaube).

Dass die Ergebnisse des Schreibprozesses insgesamt, ebenso wie die Ergebnisse einzelner Teilprozesse revidierbar oder korrigierbar sind, bedeutet, dass der Schreibprozess vom ersten Wort an, das ich zu Papier bringe, immer auch einen parallelen und ggf. einen nachträglichen Leseprozess involviert, der integraler Bestandteil jedes Schreibprozesses ist. Die besondere Art, wie wir beim Schreiben unseren eigenen, den entstehenden oder (in Teilen) fertig geschriebenen Text lesen – ich habe es bereits angedeutet - ist ein kritisches, kontrollierendes Lesen. Zwar hat die Schreibforschung den „entstehenden Text" bereits als wesentliches Element des Schreibprozesses (Ludwig 1983, 46) erkannt, die Verwobenheit eines primär als „Textproduktion" betrachteten Prozesses mit einem als spezifische Form der „Textrezeption" zu verstehenden Prozess wird m.E. jedoch noch nicht systematisch genug berücksichtigt. Der entstehende Text stellt die in jeder Phase des Schreibprozess sich verändernden und kontinuierlich zu reflektierenden Bedingungen dar, an denen sich das weitere Voranschreiten des Schreibprozesses orientieren muss. Das allmähliche Entstehen des Textes impliziert eine ständige Wechselwirkung zwischen Prozessen kontrollierenden Lesens und Prozessen konzeptionellen Schreibens.

Wenn Textrezeption und Textproduktion in dieser Weise im Schreibprozess notwendig aufeinander bezogen sind, so mag dies ein Hinweis darauf sein, welche Modalitäten der Sprachkompetenz wir möglichst nicht isoliert betrachten sollten. Während in der Fachdidaktik wie in den Lehrplänen schon lange Einigkeit darüber herrscht, dass auf der Ebene der Mündlichkeit die produktiven und rezeptiven Teilkompetenzen ‚Sprechen' und ‚(Zu)hören' einen einzigen Lernbereich „Hör- und Sprecherziehung/ Erziehung zum Gespräch" konstituieren, so ist lange Zeit nicht so deutlich gesehen worden, wie eng auch auf der Ebene der Schriftlichkeit ‚Lesen' und ‚Schreiben' zusammenhängen. Erst ein didaktisch-methodisches Konzept wie das der Handlungs- und Produktionsorientierung führt rezeptive und produktive Prozesse im Deutschunterricht wieder zusammen und macht sie wechselseitig für einander fruchtbar.

In diesem Wechselspiel von Lesen und Schreiben (wohl auch in dem von Denken und Schreiben) stellen sich uns kontinuierlich Formulierungsprobleme. Manchmal entdecken wir diese erst beim (kontrollierenden) Lesen, wenn etwas zum Problem wird, was wir zunächst mehr oder weniger ‚spontan' hingeschrieben haben. Aber grundsätzlich ist das Problem von Anfang an da: Wie können wir etwas so ausdrücken, dass es (i) unseren Intentionen entspricht, und wie können wir es so ausdrücken, dass es (ii) ein adressierter Leser oder auch ein beliebiger Rezipient versteht. – Und wie könnte uns das methodische Arrangement der Schreibkonferenz helfen, Formulierungsprobleme im Hinblick auf die Intentions- wie auf die Leserangemessenheit bzw. -angepasstheit besser zu bewältigen? So wie das Verstehen erweist sich auch das Schreiben theoretisch als eine „unendliche Aufgabe" (Schleiermacher 1977, 94), die zwar aus pragmatischen Gründen irgendwann beendet (oder mindestens unterbrochen) werden muss, die jedoch nicht vorschnell für beendet erklärt werden sollte, wenn mein Textentwurf, wie jeder Text, noch verbesserungswürdig ist und gerade das konservierende Medium der Schrift für mich und andere die Möglichkeit bietet, jederzeit zu meinem Text zurück zu kehren. – Die Freiheit, das zu schreiben, *was* ich will und so, *wie* ich es will, ist eine Sache, eine andere Sache ist, den jeweiligen Freiheitsgrad richtig einschätzen zu können, gelungene von misslungener Formulierungsarbeit abgrenzen und damit seinen eigenen Text (oder zunächst auch fremde Texte) beurteilen zu lernen. Eine solche *Beurteilungskompetenz* wird nun nicht mehr allein vom Lehrer gefordert, sie ist in der Schreibkonferenz an jeder Stelle des Schreibprozesses auch vom Schreiber selbst gefordert, der sich auf seinen entstehenden bzw. entstandenen Text zurückwendet, ihn kontrollierend liest, um ihn in den genannten Hinsichten durch eine Bearbeitung zu verbessern.

Wie oben bereits dargestellt, ist einerseits sprachliches Wissen zu aktivieren, um zu beurteilen, inwieweit der Text formal-grammatisch korrekt ist. Andererseits muss der Schreiber aber auch beurteilen können, ob die Auswahl aus den (ihm zur Verfügung stehenden) sprachlichen Möglichkeiten im Hinblick auf seine Gestaltungsintention, im Hinblick auf die Textfunktion und die normativen Vorgaben der gewählten Textsorte, wie auch im Hinblick auf den potentiellen Leser angemessen ist. Je kritischer er gegenüber seinen Formulierungen wird, desto schwerer wird es ihm fallen, auf Anhieb einen ihm akzeptabel oder gar optimal erscheinenden Text zu formulieren. In der Tat dürfte es kaum einen Text geben, der nicht in der einen oder anderen Hinsicht ‚besser' gestaltet werden könnte. Und genau daran arbeiten wir in der Schreibwerkstatt wie auch in der Organisationsform der Schreibkonferenz: an der Gestaltung eines Textes durch Korrekturen, Emendationen, Revisionen, Bearbeitungen, Um- oder Neuformulierungen, die geeignet erscheinen, den ersten (ggf. auch zweiten und dritten) Textentwurf in der einen oder anderen Hinsicht zu optimieren. Textgestaltungsprozesse werden in diesem Zusammenhang also wesentlich als Textbearbeitungs- bzw. als tentative Textoptimierungsprozesse betrachtet, „writing is re-writing“. In der Schreibkonferenz stoßen wir auf erste Leser unserer Texte, die nicht wissen, was wir damit sagen wollen, während wir dies als Schreiber zumindest zu wissen glauben; wir bekommen sozusagen erste Test-Leser zur Seite gestellt, aus deren Reaktionen auf unseren Text wir z.B. lernen können, wie unser Text adressatengerechter gestaltet werden könnte, aber auch wie wir unsere Intentionen angemessener zum Ausdruck bringen könnten.

Aber können wir garantieren, dass ein durch erste Leserreaktionen induzierter Textbearbeitungsprozesses tatsächlich zu einem optimierter, zumindest zu einem besseren Text führt als der ursprüngliche Textentwurf? Nein, garantieren können wir das nicht. Denn das, was wir dabei voraussetzen, nämlich die oben angesprochene Beurteilungskompetenz, dürfte auf einer bestimmten Stufe der Schreibentwicklung eher noch geringer ausgeprägt sein als die Formulierungskompetenz. So kann es in der Tat im Rahmen von Textbearbeitungsprozessen auch zu schlechteren Formulierungsergebnissen kommen als sie im ersten Textentwurf vorlagen. Gerade hier kann sich jedoch die (kooperative) Arbeit in der Schreibkonferenz als hilfreich erweisen, weil wir sozusagen eine Mehrfachkontrolle haben. - Halten wir fest: Die Schreibkonferenz ist ein Rahmen für die Organisation von Schreibprozessen (in Gruppen). Kern der Schreibkonferenz ist die Phase der Textüberarbeitung. Dazu sind eine gewisse Beurteilungskompetenz und auch Kriterien zur Beurteilung der Qualität vorliegender Textentwürfe auszubilden. Je geringer diese Kompetenz ausgeprägt ist, desto größer ist die Gefahr, dass die Texte durch Bearbeitung schlechter anstatt besser werden, zumal es ein grundsätzliches Problem ist, überhaupt geeignete Kriterien zu formulieren, was ein guter Text ist (vgl. Nussbaumer 1991) und diese dann auch richtig auf einen vorliegenden Fall anzuwenden.

Für den Bereich der Grundschule ist das Modell der Schreibkonferenz vor allem von Gudrun Spitta (1992) in Anlehnung an D.H. Graves (1986) weiterentwickelt worden. Der Ablauf einer Schreibkonferenz sieht nach Spitta wie folgt aus:

Individuelle THEMENFINDUNG und ERSTELLEN eines ENTWURFES.

SCHREIBKONFERENZEN: Autorenkind und zwei weitere Mitarbeiter arbeiten am Entwurf zu inhaltlichen, stilistischen, rechtschriftlichen Aspekten des Textes. Autorenkind bearbeitet anschließend seinen Entwurf für die

ENDREDAKTION des Entwurfes durch die bzw. mit der Lehrerin.
Erstellen der endgültigen korrekten Textfassung auf besonderen SCHMUCKBOGEN für die

VERÖFFENTLICHUNG in der Veröffentlichungsstunde (Dichterlesung). Vorlesen des Textes und Gespräch über den Text mit der gesamten Klasse.
Anschließend Textausstellung oder Buchprojekt mit den Kindertexten.

(nach Spitta, 1992, 43)

Der Begriff der Schreibkonferenz verweist in einer gewissen Doppeldeutigkeit sowohl auf das Gesamtkonzept der Organisation von Schreib- und Bearbeitungsprozessen, als auch auf ein spezielles methodisches Arrangement innerhalb dieses Konzepts, die Phase der eigentlichen Schreibkonferenz. In dieser wählt sich das „Autorenkind" zwei „Mitarbeiterkinder", die als erste Leser erste, zunächst spontane Reaktionen auf den (vorgelesenen) Text abgeben: Es findet also ein erstes Gespräch über einen (selbst geschriebenen) Text statt. In einem zweiten Schritt gehen Autorenkind und Mitarbeiterkinder den Text gemeinsam Satz für Satz durch, weniger um Fehler zu finden, als vielmehr um Bearbeitungsvorschläge machen zu können, die die Gestaltung des Textes (ggf. unter bestimmten Gesichtspunkten) verbessern helfen sollen. Ob bestimmte Vorschläge geeignet sind, den Text im Sinn des Schreibers zu verbessern, entscheidet der Schreiber, der in einem dritten Schritt die Bearbeitungsvorschläge in einer individuellen Bearbeitung seines Textes so umsetzt, wie es ihm angemessen erscheint.

Die Erfahrung zeigt, dass innerhalb der eigentlichen Schreibkonferenz nicht nur vielfältige Möglichkeiten gegeben sind, die Zusammenarbeit von Autorenkind und Mitarbeiterkindern unterschiedlich auszugestalten, bis hin zu Formen kooperativen oder kollaborativen Schreibens, sondern dass dabei auch eine, wie mir scheint, theoretisch grundlegende Annahme in Vergessenheit zu geraten droht. Die Annahme nämlich, die schon in jenem „Ich gestalte" des heuristischen Aufsatzes so prägnant zu Ausdruck gekommen ist, dass der Gestaltungsprozess ein eigenverantwortlicher Prozess des Schreibers ist und bleiben muss, wenn eine Gestaltungskompetenz ausgebildet werden soll, die das, was textuell zum Ausdruck gebracht wird, auch verantwortet und sich nicht hinter irgendwelchen undurchsichtigen kooperativen Entstehungsprozessen des Textes verstecken kann. Kooperative Textproduktion ist zwar auch didaktisch nicht zu vernachlässigen, kooperative Prozesse der Textproduktion können die eigenverantwortliche Textproduktion jedoch nicht ersetzen.

Eine Überbetonung dieser Eigenverantwortlichkeit kann freilich gelegentlich auch dazu führen, dass Bearbeitungsvorschläge seitens der Mitarbeiterkinder verweigert werden. Gerade wenn wir mit kreativen Schreibimpulsen arbeiten (z.B. mit Bildern als Schreibimpulsen; s. Brandi et al. 1988 und Dehn 2000), ist immer wieder zu beobachten, dass zu den entstandenen Textentwürfen keine Bearbeitungsvorschläge gemacht werden, weil man, so wird dann erklärt, doch nicht in den Gestaltungswillen des Schreibers eingreifen könne. Darüber, ob der Textentwurf dieser Gestaltungsintention entspreche, könne nur der Autor entscheiden. Dann muss man allerdings fragen, ob denn der Autor dies kann, zumal dieser seine Gestaltungsintention oft auch erst in seinem Text entdeckt und nicht ohne weiteres einen „inneren“ virtuellen und einen „äußeren“ manifesten Text unterscheiden und beide miteinander vergleichen kann.

Die Vermutung, dass der entstandene Textentwurf so etwas wie Literatur sein könne und sich von daher jeder Fremdeinwirkung entzöge (oder gar davor zu schützen sei), ist jedoch wohl weniger Ausdruck eines produktionsästhetischen, als vielmehr eines (unzeitgemäßen?) genieästhetischen Literaturverständnisses. Ob wir damit wieder bei der reformpädagogischen Vorstellung vom Kind als „kleinem Künstler“ angelangt sind, mag dahingestellt bleiben, jedenfalls scheint es immer noch genügend Argumente zu geben, die kooperative Textbearbeitung zu verweigern, ohne dass das dabei zugrundegelegte Text- bzw. Literaturverständis in Frage gestellt wird. Unter nicht-professionellen erwachsenen Schreibern gibt es andere Ausprägungen der gleichen Verweigerungsstrategie, die dann ergebnisorientiert darauf abzielt, sich nicht unnötig Arbeit zu machen, wo doch die anerkannte Kompetenz eines einzelnen Gruppenmitglieds schneller zu dem gleichen und zudem noch besseren Ergebnis führen kann.

Beispiel aus dem DaF-Unterricht

Mit dem Schreibimpuls ‚Bild' haben wir vor einigen Jahren eine Schreibwerkstatt mit polnischen Germanistikstudenten begonnen: Jede der drei willkürlich gebildeten Schreibgruppen (3-4 Teilnehmer) erhielt ein Foto (Landschaften, Menschengruppen). Dabei habe wir zunächst darauf hingewiesen, dass keine „Bildbeschreibung" im klassischen Sinn angefertigt werden sollte, sondern dass die Bilder einen „Schreibimpuls" darstellen, d.h. dass sie einen individuellen assoziativen Raum eröffnen helfen sollten, in dem sich, ausgehend vom Konkreten des angeschauten Bildes Gefühle und Gedanken einstellen, die, vom Bild angeregt, dieses in einen individuellen gedanklichen Zusammenhang stellen sollten. Es geht nicht um das Bild, sondern um die entstehenden Texte.

Einige Studierende betrachteten die Bilder längere Zeit, andere tauschten sich erst in der Schreibgruppe aus, wieder andere fingen fast sofort an zu schreiben. Dann trat Stille ein: Jeder schrieb seinen individuellen Text. Bereits die in dieser ersten Schreibphase entstandenen Textentwürfe waren sehr unterschiedlich. Sie waren unterschiedlich lang, entwickelten unterschiedliche Assoziationen und gedankliche Zusammenhänge, sie ließen aber auch recht unterschiedliche sprachliche Niveaus erkennen, auf denen sich die Studierenden (des gleichen Studienjahres!) im Prozess des Erlernens des Deutschen als Fremdsprache jeweils befanden und sie deuteten schließlich auch auf unterschiedliche individuelle Schreibstrategien hin, etwa wenn einerseits Texte entstanden, die fast keine Korrekturen enthielten, andererseits aber auch Texte, die den Schreiber als einen äußerst kritischen Leser gegenüber dem eigenen entstehenden Text auswiesen, der von Anfang an seine Beurteilungskompetenz aktivierte, während des Schreibens im Text Streichungen vornahm, etwas änderte, hinzufügte usw.

Die Bearbeitungsphase wurde mit einer Reflexion eingeleitet, unter welchen Aspekten man Texte bearbeiten kann (Unterscheidung von Korrekturen und Bearbeitungen, Fehler und Angemessenheit; Intention und Ausführung, Leserorientierung, Wortebene, Satzebene, Textebene). In den Schreibgruppen wird dann jeweils ein Text von der Verfasserin vorgelesen, dann wird über den Text gesprochen (Gesamteindruck), anschließend werden beim nochmaligen (satz- oder abschnittweisen) Vorlesen spezifischere Bearbeitungsvorschläge gemacht und schriftlich festgehalten. Entgegen der „Anweisung", die Vorschläge zuerst zu notieren und erst in der individuellen Bearbeitung zu entscheiden, welche Vorschläge die Autorin tatsächlich umsetzen will, arbeiteten die meisten Studierenden einen Bearbeitungsvorschlag nach kurzer ‚Verhandlung' (Rückfragen, Umformulierungsvorschläge zu dem Bearbeitungsvorschlag) sofort in ihren Text ein. Hier scheint der ‚Widerstand' zwar geringer als in muttersprachlichen Schreibkonferenzen, dafür kommt aber viel stärker die Ebene sprachlicher Korrektheit ins Spiel. Die Phasen der Entwicklung von Bearbeitungsvorschlägen und der anschließenden selbst verantworteten Umsetzung durch den Schreiber werden auch nicht deutlich getrennt, weil offenbar die kooperativ geteilte Verantwortung gerade für Fremdsprachenlerner leichter zu tragen ist, weil dann keine individuelle Zuschreibung der „Fehler" durch die Lehrkraft erfolgen kann.

Bei nüchterner Betrachtung lassen sich gegen das Konzept der Schreibkonferenz eine ganze Reihe theoretischer, aber auch erfahrungsbasierter Einwände vorbringen (vgl. Becker-Mrotzek 2004), so dass die Frage gestellt werden darf und muss, ob und unter welchen Bedingungen das methodisch relativ aufwändige Konzept der Schreibkonferenz im Vergleich mit den Ergebnissen der traditionellen Aufsatzdidaktik tatsächlich zu einer besseren Bewältigung der Komplexität des Schreibprozesses wie zu einer Verbesserung der Qualität der Textprodukte bzw. insgesamt zu einer Verbesserung der Schreibkompetenz der Schüler führen kann.

Dieser Frage sind wir im Rahmen eines empirischen Forschungsprojekts an der Universität Koblenz-Landau in Zusammenarbeit von Fachdidaktik und empirischer Unterrichtsforschung (Psychologie) nachgegangen. Unsere vergleichenden Auswertungen der Effekte von Unterricht mit Einsatz von Schreibkonferenzen gegenüber traditionellem Aufsatzunterricht zeigten so gut wie keine (statistisch relevante) Überlegenheit der Schreikonferenz, z.T. allerdings wohl auch deshalb, weil die vielfältigen Variablen, die den Schreibprozess beeinflussen, kaum umfassend bestimmt und erst recht nicht experimentell kontrolliert werden können, so dass letztlich kaum entscheidbar ist, wodurch ggf. ‚messbare' Effekte hervorgerufen worden sind (eine detaillierte Darstellung und Auswertung der Untersuchung findet sich bei Necknig 2012).

(Originalbeitrag)

3 Varietäten des Deutschen im fremdsprachlichen und muttersprachlichen Unterricht

Homogenität und Heterogenität – Deskriptivität und Normativität

Der ideale Sprecher-Hörer „lebt" in einer homogenen Sprache bzw. Sprachgemeinschaft. Aber er „lebt" natürlich nicht. Noam Chomsky hat ihn als eine Art Homunculus erschaffen, als eine methodologisch notwendige Abstraktion, die es uns ermöglicht, natürliche Sprachen als homogen zu denken und als solche dann auch beschreiben zu können. Dann aber erhebt das, was als methodologische Abstraktion gedacht war, in anderen Verwendungszusammenhängen auch einen quasi normativen Anspruch. Dies selbst dann, wenn sich die linguistische Beschreibung eher deskriptiv als normativ versteht. Ein typisches Beispiel für eine deskriptiv gedachte Grammatik des Deutschen, die dann normativ rezipiert wird, ist die Dudengrammatik. Hier wird die normative Lesart vermutlich noch gestützt durch den tatsächlich normativen Charakter, der dem Rechtschreibduden qua Beschluss der Innenminister der Länder (zumindest für die Schulen und den Amtsbereich der Innenminister) als maßgebliche Instanz in Zweifelsfällen zugeschrieben wurde. Die Einrichtung des „Rates für deutsche Rechtschreibung" wird daran für den Benutzer wenig geändert haben: Der Duden ist und bleibt der Duden, in der 24. Auflage wie in der 21. Auflage, auch wenn es nunmehr heißt: „Auf der Grundlage der neuen amtlichen Rechtschreibregeln" – Aber immerhin findet sich eine m.E. nicht unbedeutende Änderung auf der Impressum-Seite. Dort lautet der Hinweis auf die DUDEN-Sprachberatung 1996 noch:

Die DUDEN-Sprachberatung hilft Ihnen prompt und zuverlässig bei der Lösung sprachlicher Zweifelsfälle beispielsweise aus folgenden Bereichen:

- Rechtschreibung + Zeichensetzung
- Grammatik + Wortbedeutung
- Stil + Anreden
- Formale Textgestaltung

(DUDEN, Die deutsche Rechtschreibung, 1996, o.S.)

Der entsprechende Hinweis lautet 10 Jahre später schlicht so: „Die Duden-Sprachberatung beantwortet Ihre Fragen zu Rechtschreibung, Grammatik u.Ä." (DUDEN, Die deutsche Rechtschreibung, 2006, o.S.)

Nicht mehr „prompt und zuverlässig"? Und Zweifelsfälle kann oder will man auch nicht mehr „lösen"? Wer sollte es dann tun? Vielleicht das Institut für Deutsche Sprache? Oder ein „Rat für die deutsche Sprache", auch wenn er nicht den normativen Reinhaltungsanspruch einer Académie Française erheben möchte? Ich will die hier aufgeworfenen Fragen nicht beantworten. Vielleicht beantworten sie sich ja mit der Zeit von selbst, so wie sich die Zweifelsfälle von selbst lösen. Genauer: Die Sprecher des Deutschen „lösen" die Zweifelsfälle, indem sich der eine oder der andere Sprachgebrauch durchsetzt, die Sprache sich wandelt, ohne dass jemand das verordnen könnte oder müsste.

Dementsprechend werden sich auch deskriptive Grammatiken darin wandeln, wie sie bestimmte grammatische Phänomene – und gerade auch die Zweifelsfälle – beschreiben. Aber sie werden immer bestrebt sein, das deskriptiv zu erfassen, was als „Standard" gilt. Und dieser, wie auch immer in Grammatiken und Wörterbüchern kodifizierte Standard wird auch als „deskriptive Norm“, wie Peter von Polenz es genannt hat, seine normative Kraft entfalten und dementsprechend auf den Sprachgebrauch zurückwirken. Es scheint also eine unlösbare Verquickung und Wechselwirkung zwischen Deskriptivität und Normativität zu geben, die zwar nicht verhindert (und auch nicht verhindern soll), dass eine Sprache sich wandelt, die aber dennoch nur so auflösbar scheint, dass sich die Normen durch den Sprachgebrauch selbst ändern.

Von der Frage nach Deskriptivität und Normativität noch einmal zurück zur (notwendigen) methodologischer Abstraktion. Wovon abstrahiert sie denn? Sie sieht davon ab, dass es – wenn man das Problem radikalisieren will – letztlich so viele Grammatiken des Deutschen gibt wie es Sprecher des Deutschen gibt. Aber es macht eben auf dem Gebiet der Grammatikographie keinen Sinn, Idiosynkrasien zu kodifizieren. Auf anderen Gebieten und in methodologisch anderen Vorgehensweisen kann ich zwar Idiosynkrasien beschreiben, aber zu kodifizieren gibt es da im Grund nichts. Wenn es darum geht, die vielfältigen, gerade nicht homogenen Sprachverwendungsweisen in einer Einzelsprache, z.B. eben Varietäten des Deutschen, empirisch zu untersuchen, muss ich wohl immer noch von Einzelfällen abstrahieren, aber eben nicht mehr bis zur Ebene eines zu kodifizierenden Standards.

Unter dem Aspekt des Varietätenreichtums einer Sprache erscheint die Frage, was als Standard gesetzt wird oder was sich als Standard durchsetzt (auf welche Weise auch immer dies geschehen mag) in einem anderen Licht. Die als methodologische Abstraktion gemeinte normative Setzung, „definiert“ nämlich eine bestimmte Varietät (und manchmal qua Introspektion wohl auch die je eigene) „als Standard“ und hebt sie damit gegenüber anderen Varietäten heraus, ganz abgesehen davon, welchen Stellenwert oder welche kommunikativen Funktionen diese „Standardvarietät“ neben anderen Varietäten in der Sprachverwendung und im Sprachbewusstsein natürlicher, nicht unbedingt standard-orientierter Sprecher (des Deutschen) haben mag.

Wenn es demnach – um einen anderen Begriff zu verwenden – eine „Einheitssprache“ nur als methodologisches Konstrukt gibt (vgl. Glück/Sauer 1992, 16ff.), dann muss sich ein DaF-Lerner, der einige Jahre damit verbracht hat, sich eben dieses Konstrukt qua grammatischer Kodifizierung anzueignen, auf einiges gefasst machen, wenn er nach Deutschland kommt. Er wird auf Sprecher treffen, die mehr oder weniger standardnah sprechen, besonders in öffentlichen Situationen, aber auch dort keineswegs immer. Er wird aber auch auf Sprecher regionaler Varietäten stoßen, deren Sprechweise ihm mehr oder weniger standardfern, wenn nicht exotisch, dann aber auch unverständlich vorkommen wird.

Aus varietätenlinguistischer Sicht, insbesondere auch unter soziolinguistischen Aspekten (s. Nabrings 1981 sowie Wiesinger 1977), ist die Heterogenität des Deutschen bzw. die kommunikative Funktionalität der Varietätenwahl natürlich kein Neuland. Wir wissen über die Dialektologie hinaus, dass es neben den traditionell behandelten diatopischen Varietäten auch andere Arten von Varietäten gibt, die gerade unter DaF-didaktischen Aspekten vielleicht relevanter sein könnten. Wir wissen, dass es eine diastratische Gliederung des Deutschen gibt und mehr noch: eine Vielzahl von Subsprachen mit je spezifischen kognitiven, kommunikativen und sozialen Funktionen, Gruppensprachen als subkulturelle Phänomene mit einer starken Eigendynamik, wie etwa die jugendsprachlichen Sprechweisen (s. Schlobinski et al. 1993) und schließlich eine Vielzahl von in sich wiederum geschichteten Fachsprachen.

Regionale und nationale Varietäten des Deutschen

Ist das alles Deutsch? - Auch Sprecher, die beispielsweise Bairisch, Sächsisch oder Pfälzisch sprechen, sprechen Deutsch, behaupten aber gleichzeitig, wie ein varietäten-bewusster Mannheimer es ausdrückte: „Unsere Schbroch is a e Schbroch" (Kallmeyer 1996, 14). Sind demnach (im Sprecherbewusstsein) Varietäten so etwas wie ‚Sprachen in der Sprache', Subsysteme unter dem Dach einer gemeinsamen Sprache, von der sie sich dann z.T. aber doch erheblich unterscheiden? Ist dann auch das Schweizerdeutsch, das Österreichische oder Luxemburger Deutsch eine Varietät des Deutschen? - In einem gewissen Sinn ja. Aber hier sprechen wir nicht von regionalen, sondern von nationalen Varietäten, die sich auf einen (kodifizierten) Standard in dem jeweiligen nationalen Verbreitungsgebiet beziehen. Im Sinn der Plurizentrismus-These (s. Clyne 1995; in didaktischer Perspektive Muhr 1993) haben die nationalen Varietäten ein eigenes (politisch-geographisches) Zentrum und bezogen auf dieses Zentrum den Status einer kodifizierten Norm einer Standardsprache. Somit sind die genannten Varietäten eigentlich keine Varietäten des „Deutschen", sondern eben ein anderes Deutsch, auf ein jeweils anderes Zentrum bezogen, aber wohl auch nicht „Auslandsdeutsch" und erst recht nicht „Deutsch als Fremdsprache".

Wird Deutsch als Fremdsprache gelernt, so wird allerdings (auch bei österreichischen Lektoren) wohl nicht Österreichisch gelehrt, nicht irgendeine nationale oder regionale Varietät des Deutschen (auch nicht, wenn der Lektor aus Bayern stammt), sondern das, was, wie auch immer definiert, als die deutsche Standardsprache, als Hoch- oder Literatursprache gilt (vgl. Takahashi 2000, 25, der darauf hinweist, dass die kodifizierten österreichischen Aussprachevarianten „als unmarkierte Formen zumindest durch die passive

Verständlichkeit in allen deutschsprachigen Ländern gekennzeichnet werden“). Aber wissen wir denn, was wir da zu lehren haben? Ist Standard vielleicht die Mediensprache, die Sprache und Sprechweise der Nachrichtensprecher? Die „Bühnenhochsprache“ ohne deren Hyperkorrektheiten? Ist das vielleicht „gepflegtes“ Deutsch? Aber „gepflegt“ ist auch das Honoratioren-Schwäbisch eines Theodor Heuss oder das Bairisch eines Franz-Josef Strauss gewesen, und auch ein Tübinger Kollege muss und will sein Schwäbisch in seinen Vorlesungen nicht verleugnen, während ich mich in meinen Vorlesungen doch bemühe, möglichst standardnah zu artikulieren. - „Verleugne“ ich damit meine Herkunft aus dem Sauerland, wo man doch (wie im Ruhrgebiet) als Bestätigungs- oder Bekräftigungspartikel stets ein „woll“ anfügt? Kurz und gut: Das Problem ist komplex. Mal bekennen wir uns (sprachlich) zu unserer angestammten Varietät (wenn wir sie denn noch beherrschen), mal tendieren wir in der Varietätenwahl eher zum Hochdeutschen, zur Standardsprache und das wohl aus unterschiedlichen Gründen.

Die Gründe für eine bestimmte Sprachen- bzw. Varietätenwahl sind in der Regel kommunikativer oder pragmatischer Art. Wir wollen uns nicht zu erkennen geben, um nicht zu sagen „outen“, ein anderes Mal wollen wir es vielleicht, wir wollen einer bestimmten Norm oder den Verstehensmöglichkeiten unserer Adressaten gerecht werden, wir wollen zeigen, dass wir Standard sprechen können (wenn es die Situation und die kommunikative Konstellation erfordert), wir wollen zeigen, dass wir „gebildet“ sind – was auch immer. Wir haben als Muttersprachler, wenn wir mehrere Varietäten beherrschen, die Möglichkeit des *code switching*: Für welchen „Code“ wir uns auch entscheiden, „irgendwie“ wissen wir, wie und auch, warum wir das tun. Diese Wahl hat derjenige, der Deutsch als Fremdsprache gelernt hat, in der Regel nicht.

Warum wollen die DaF-Lerner die Standardsprache erwerben? Warum sollen sie das? Weil es, wie mir ein ‚Spracherlebnis' in Montpellier zeigte, wohl noch befremdlicher ist, wenn ein Ausländer einen Dialekt spricht, als wenn es ein Muttersprachler versucht, der den betreffenden Dialekt nicht von Kindesbeinen an gelernt hat. Ebenso befremdlich fand ich es in China, als eine Studentin ihre umgangssprachlichen Deutschkenntnisse dadurch unter Beweis zu stellen versuchte, dass sie immer wieder „*scheiße*" sagte, also eine stark umgangssprachliche oder „derbe" (so nennt es jetzt der DUDEN) Varietät benutzte.

Genug der Problemskizzierung: Wenn wir als Nicht-Muttersprachler Deutsch als Fremdsprache in einer gesteuerter Spracherwerbssituation lernen wollen, haben wir ein Recht darauf, die deutsche Standardsprache und nicht irgendeine Varietät des Deutschen, keine regionale und keine subkulturelle, zu erlernen. Und das sehen diejenigen, die Deutsch lehren, wohl genauso. Welche Rolle können Varietäten des Deutschen trotzdem im Unterricht „Deutsch als Fremdsprache" spielen und welche Rolle spielen sie eigentlich im muttersprachlichen Deutschunterricht? - Diesen Fragen will ich im Folgenden nachgehen.

Varietäten, Funktionalstile und Register

Auch unsere muttersprachliche Kenntnis verschiedener Varietäten besteht in der Regel weder darin, dass wir diese alle beherrschen, noch darin, dass wir ihre Eigenschaften im Einzelnen linguistisch beschreiben könnten. In der Regel wissen wir aber, dass es in bestimmten Situationen angemessen ist, eine bestimmte Varietät zu verwenden, und wir tun es, so wir es denn können. Genau dies könnte als ein wesentlicher Teil unserer „kommunikativen Kompetenz" gelten.

Situative Angemessenheit der Varietätenwahl ist nun aber kein Merkmal irgendeiner Varietät, sondern eben ein Merkmal der situativ angemessenen Sprachverwendung in einer bestimmten Art von Kommunikationssituation. Mit dieser Problematik sind wir im DaF-Unterricht mindestens seit einer weitgehend kommunikativen Orientierung des DaF-Unterrichts konfrontiert. Die Problematik besteht aber nicht nur darin, dass wir innerhalb der Sprachlernsituation realitätsnahe Kommunikationssituationen als Stimuli für eine kommunikationsorientierte Sprachproduktion konstruieren müssen, sondern vor allem darin, dass wir Aussagen darüber machen müssen, welche Art von Varietät in welcher Situation bzw. in welchem Typ von Situation wirklich angemessen ist.

In gesteuerten Zweitspracherwerbsprozessen müsste ich deshalb in der Tat (i) eine „Systematisierung für die Vielzahl von Sprachmustern für Sprechhandlungssituationen" zugrunde legen können und (ii) die „im Alltagswissen etablierten Varietäten mit Sprachverhaltensmustern bzw. situationsspezifischen Registern" (Luchtenberg 1988, 21) in Verbindung bringen können. Wenn sich dies unter funktionalen wie situativen Gesichtspunkten als möglich erweisen sollte, könnte ich konsequent nach der „Funktion diatopischer und diastratischer Varietäten in der gegebenen Situation" (ebd.) fragen.

Dass dies eine konversationsanalytisch orientierte Linguistik tatsächlich leisten kann, stellt ein Projekt unter Beweis, das in den 90-er Jahren am Institut für Deutsche Sprache in Mannheim durchgeführt worden ist, „Kommunikation in der Stadt" (s. Kallmeyer 1994 und 1995). Die Ergebnisse dieser Untersuchung zeigen allerdings nicht zuletzt, welche Schwierigkeiten es mit sich bringen dürfte, Varietäten unter funktional-situativem Aspekt, also unter dem Aspekt der situativ angemessenen Register-Wahl, im DaF-Unterricht zu thematisieren. Dies vor allem deshalb, weil die in einer komplexen Kommunikationssituation jeweils für angemessen gehaltene Varietät nicht stabil ist, sondern die Dynamik der Situation es durchaus mit sich bringen kann, dass innerhalb einer Kommunikationssituation ein Code- bzw. Varietätenwechsel stattfindet bzw. unter Aspekten der kommunikativen Adäquatheit stattfinden muss (code-switching). Offensichtlich wird hier von Muttersprachlern eine Ebene subtiler intuitiv gehandhabter Kommunikationsstrategien erreicht, deren Beherrschung wir von DaF-Lernern schlechterdings nicht erwarten können, nicht zuletzt deshalb, weil die Systematisierbarkeit solcher Strategien und damit ihre Lehr- und Lernbarkeit schnell an Grenzen stößt.

Produktions-, Rezeptions- und Reflexionskompetenz

Bleiben wir zunächst bei den diatopischen, also raumbezogenen Varietäten, den Dialekten und den vielfältigen Mundarten und Ausgleichsvarietäten. Bezeichnenderweise hatte das Mannheimer Forschungsprojekt nicht den Titel „Mannheimer Stadtsprache“ oder „Sprache (bzw. Sprachen) in der Stadt“, sondern es ging um Kommunikation in einer Stadt mit offensichtlich vielen „Sprachen“ oder Kodes. Konsequent für ein Projekt, das in der Pragmatik-Abteilung und nicht im Deutschen Spracharchiv angesiedelt war.

Dort wo verschiedene Sprachen gesprochen werden, seien es verschiedene Muttersprachen, Deutsch als Fremd- bzw. Zweitsprache, Spielarten des Mannheimerischen, des Pfälzischen oder Kurpfälzischen, findet Kommunikation offensichtlich unter erschwerten Bedingungen statt, weil sich in fast jeder Kommunikationssituation das Problem der Sprachen- bzw. Varietätenwahl stellt. Zumindest dann, wenn man individuell in der glücklichen Lage ist, mehrsprachig zu, wie es z.B. oft die Kinder türkischer Migranten sind, die in zweiter oder dritter Generation in Mannheim leben, oder wenn man sich in einer Diglossie-Situation befindet und zwischen Mundart und Standard jeweils situations- und intentionsangemessen wählen kann, um sprachlich-kommunikativ „Nähe" oder „Distanz" zu signalisieren.

Die Sprachenwahl steht, wenn auch je nach Sprachlernniveau in unterschiedlichem Maße, prinzipiell auch dem Sprecher des Deutschen als Fremdsprache zur Verfügung, er kann sich entscheiden, seine Muttersprache sprechen oder es doch lieber in der deutschen Standardsprache zu versuchen, selbst wenn dies phonetisch wie grammatisch noch meilenweit vom kodifizierten Standard entfernt ist. Er sollte es wohl versuchen, auch wenn die Mannheimer ihn vielleicht nicht mit so viel wohlwollendem Lob überschütten, wie die Franzosen es meistens tun, wenn ich in Frankreich mit meinen Französisch-Kenntnissen zu glänzen versuche. Wir können uns vorstellen, dass es kein Ding der Unmöglichkeit ist, fremdsprachlich einigermaßen angemessen zu kommunizieren. In einer chinesischen Kleinstadt konnten die Marktfrauen dies offensichtlich nicht: Als ich dort in Begleitung einer gut Chinesisch sprechenden DAAD-Lektorin eine Tüte Nüsse kaufte (auf Chinesisch, versteht sich) tuschelten die Marktfrauen und fingen an zu lachen. Dachte ich einen Moment, sie fänden die Chinesisch-Kenntnisse der Lektorin wohl zum Lachen, wurde ich eines Besseren belehrt. Sie wunderten sich, dass wir gar nicht aussähen wie Chinesen. Wie hätten wir sonst Chinesisch sprechen können? Da wundern wir uns weniger, wenn ein südländisch aussehender junger Mann auf dem Wochenmarkt in perfektem Deutsch seine Einkäufe erledigt. Aber hätte er Schwierigkeiten, wenn die Kartoffeln hier als „*Grumbeere*" angeboten würden? Wenn er nicht sähe, dass das handgeschriebene Schildchen in einer Pfälzer Kartoffel steckt, vielleicht schon. Wenn er aber in

Mannheim aufgewachsen ist, dürfte er vielleicht auch damit keine Probleme haben. Aber ich vermute, er würde trotzdem fünf Pfund „*Kartoffeln*“ kaufen und sich in der aktiven Sprachverwendung mit mundartlichen Ausdrücken wie *Grumbeere* zurückhalten. Warum?

Es ist etwas anderes, eine (zumindest eine regionale) Varietät zu verstehen, als sie aktiv zu verwenden. Wenn wir in einer gesteuerten Spracherwerbssituation Deutsch lernen, lernen wir eben Standard. Und wenn wir – im wirklichen Leben – mit den verschiedensten Varietäten konfrontiert werden, versuchen wir sie zu verstehen, aber nicht zu sprechen. Und das tut im Fall regionaler Varietäten sogar der Muttersprachler, wenn er sich nicht lächerlich machen will.

Es lässt sich demnach wohl kein einleuchtendes Argument finden, dass ein DaF-Lerner irgendeine regionale Varietät zum aktiven Gebrauch erlernen sollte. Dies kann und braucht nicht einmal der Muttersprachler, selbst wenn ihm dann, wie dem DaF-Lerner, ein funktionales Register fehlt, dessen Verwendung aber eher Distanz zu den Kommunikationspartnern erzielen würde als die vielleicht intendierte Nähe. Die Nähe ist vor der Sprachverwendung da, und wo nicht, kann die angepasste Sprachverwendung sie auch nicht herstellen.

Trotzdem gibt es m.E. gute Argumente für eine passive Kenntnis dialektaler Varietäten des Deutschen. In bestimmten Rezeptionssituationen kann es durchaus sinnvoll sein, zumindest Grundkenntnisse darüber zu haben, welche regionalen Varietäten es im Deutschen gibt und evtl. zu wissen, was deren grundlegenden Merkmale sind. Zum einen um in der mündlichen Kommunikation den Mundartsprechern oder den Sprechern einer regionalen Umgangssprache einigermaßen folgen zu können, zum anderen um dialekthaltige Texte oder Medienprodukte (nicht zuletzt literarische) einigermaßen verstehen zu können (vgl. Ross 1992, 14). Ich fragte mich vor einigen Jahren beispielsweise, ob ich polnischen Germanistik-Studenten den Vilsmaier-Film „Herbstmilch“ zeigen könnte, in dem Bairisch gesprochen wird. Aber genau so könnte ich mir diese Frage stellen im Hinblick auf naturalistische Dramen oder auch im Hinblick auf junge deutsche Autoren, die sich nicht mehr befleißigen, Literatursprache zu schreiben, sondern uns ihre oder die jeweils beschriebene Welt als Welt mit eigenen sprachlichen Gepflogenheiten näher zu bringen versuchen. Dann scheint es uns manchmal, dass unser scheinbar harmloser Umgang mit Varietäten auf etwas viel Substantielleres hinausläuft, nämlich auf die Frage nach der sprachlichen Konstituiertheit von Welt.

Obwohl der Dialekt über keine kodifizierte Schriftform verfügt, schreiben Autoren gelegentlich im Dialekt. Mundartdichter, die ihre Gedichtlein in der Samstagsausgabe der regionalen oder lokalen Tagespresse publizieren, aber auch Gerhart Hauptmann, wenn er die naturalistische Darstellung seiner Figuren sprachlich markiert. Dann ist es nicht der Dichter, der im Dialekt schreibt, sondern er charakterisiert bestimmte Figuren, indem er die einen Dialekt sprechen lässt, die anderen nicht:

„Ich begreife ja ihre Erregung, Frau Wolffen. Aber wenn sie der Sache nützen wollen, so rate ich Ihnen, ruhig zu bleiben“,

sagt der Amtmann Wehrhahn im 2. Akt des „Biberpelz“. Schönste Standard- oder Amtssprache. Und Mutter Wolffen:

„Da hat ma nu bei da Leiten gearbeit. Zehn Jahre hab ich de Wäsche gewaschen. M’r hab’n uns vertragen de ganze Zeit. Un nu uff eenmal woll’n Se aso komm. Zu Ihn komm ich nie mehr, das kenn Se m’r glooben“.

Wenn sich der DaF-Lerner mit der Literatur des Naturalismus beschäftigen will, sollte er so etwas einigermaßen verstehen können. Und auch der deutsche Schüler in der 9./10. Klasse sollte es verstehen können. Ihm wird es allerdings leichter fallen als dem DaF-Lerner, weil hier auch stark umgangssprachlich gesprochen wird: Dass aus *auf uff* und aus *glauben glooben* werden kann, wird er schnell realisieren. Und auch *Leiten* für *Leuten* wird ihm keine grundsätzlichen Probleme bereiten. Er wird erkennen, dass hier stark regional umgangssprachlich gesprochen wird und er wird sich – im Literaturunterricht – fragen, weshalb das so ist, vielleicht gerade im Naturalismus. Schwierigkeiten hat er vielleicht, wenn er den Text lesen soll, wie derjenige, der den Text nicht lesen, sondern als Mutter Wollfen auf dem Theater spielen soll. Wer's versucht, hat es fast immer falsch gemacht. So kritisiert der Berliner Tagesspiegel vom 20.3.1960 eine Aufführung des „Biberpelz" – hier die Darstellerin der Mutter Wolffen, Grete Weiser - in der „Berliner Komödie" wie folgt:

„Grete Weiser setzt aus diesen Flecken die Figur zusammen und bleibt ihr, bis auf das Mundwerk, alles schuldig. Und selbst das Mundwerk stimmt nicht. Diese Mutter Wolffen stammt aus dem Häusermeer des Weddings, Hauptmanns Mutter Wolffen riecht nach Bretterbude, Kartoffelbeet und Spree. Bei Hauptmann spricht die Mutter Wolffen einen urwüchsigen Dialekt, Frau Weiser berlinert nur."

Der standardsprachliche Sprecher kann mit einem versuchsweisen Dialektgebrauch kaum Punkte machen, nicht einmal damit kokettieren. Erst recht kann es der Deutsch als Fremdsprache Sprechende nicht. Dieser Befund ist asymmetrisch: Der Dialektsprecher kann sehr wohl damit Punkte machen, mindestens damit kokettieren, dass er kein Standarddeutsch spricht, vielleicht weil es als eine Art Selbstironie verstanden wird. Nicht nur, dass unser eingangs zitierter Mannheimer selbstbewusst behauptet „unsere schbroch is a e schbroch“ (oder ist das gar nicht so selbstbewusst wie es scheint), ganz Baden-Württemberg rühmte sich vor einiger Zeit mit folgender Image-Werbung. Nach einer Szenenfolge, in der jemand etwas Außergewöhnliches leistet, erscheinen auf dem Bildschirm nacheinander die drei Sätze: „Wir in Baden-Württemberg“ – „Wir können alles“ – „Außer Hochdeutsch“. Aber – das soll der Zuschauer wohl ergänzen – bei dem, was in Baden-Württemberg geleistet wird, kann es ja wohl nicht entscheidend darauf ankommen, ob jemand Hochdeutsch spricht. Oder: Es kommt nicht auf die Sprache an? Mal mehr und mal weniger, möchte ich sagen. Bekennen wir uns zu unserem angestammten Dialekt, verschwenden wir keine Zeit damit, mühsam Hochdeutsch zu lernen? Nur der arme DaF-Lerner kommt nicht am Hochdeutschen vorbei. Ist er vielleicht sogar einer von denen, die mit am besten Hochdeutsch können? So wie es in einem Witz anklingt, der fragt, was der Unterschied zwischen einem Türken und einem Mannheimer sei. Antwort: Der Türke kann Deutsch! Die innersprachlichen Verhältnisse werden immer komplexer. Jegliches Homogenitätsdenken immer utopischer. Die Zukunft spricht viele Sprachen.

Intra- und interkulturelles Lernen

Wir stoßen hier auf eine Chance interkulturellen Lernens, das hier seinen Ausgangspunkt in der Wahrnehmung von bzw. in der Sensibilisierung für intrakulturelle Heterogenität findet. Die Einsicht, dass wir bereits innerhalb einer (vermeintlich homogenen) Kultur mit intrakulturellen Differenzen konfrontiert sind, legt den Schluss nahe, dass wir in der

Dimension des Interkulturellen erst recht auf Heterogenitäten unterschiedlichster Art stoßen werden.

Hier deutet sich eine weitere Zieldimension an, unter der wir Varietäten im muttersprachlichen Unterricht thematisieren können. Über das Aufmerksamwerden auf Heterogenität innerhalb der Muttersprache können wir ein Verständnis für die Sprachenvielfalt anbahnen und vielleicht auch für die Abstraktionsleistung, die erbracht werden muss, um – jenseits aller Heterogenität - überhaupt von so etwas wie der deutschen Sprache sprechen zu können. So wird im neuen Rahmenplan Grundschule für Rheinland-Pfalz (Teilrahmenplan Deutsch) im Lernbereich „Sprache und Sprachgebrauch untersuchen" ein Teilbereich angeführt „Gemeinsamkeiten und Unterschiede von Sprachen entdecken", der wie folgt erläutert wird: „Deutsch –Fremdsprache; Dialekt – Standardsprache; Deutsch – andere Muttersprachen in der Klasse; Deutsch – Nachbarschaftssprachen ..." (S. 29). Während hier – im reflexionsorientierten Arbeitsbereich – Dialekte und andere Sprachen zum Gegenstand sprachsystematischer (allerdings weniger sprachgebrauchsorientierter) Reflexion werden, fehlen sie in den produktionsorientierten Bereichen. Nein, dort es heißt es z.B. ausdrücklich: „an der Standardsprache orientiert und artikuliert sprechen" (S. 23).

Die Gegebenheiten im fremdsprachlichen und im muttersprachlichen Unterricht konvergieren hier also wieder; keine Behandlung von Varietäten für die Sprachproduktion: die ist im muttersprachlichen wie im fremdsprachlichen Deutschunterricht standardorientiert. Aber sehr wohl als Gegenstand der Sprachreflexion. Darüber hinaus habe ich noch einen Sinn darin gesehen, gewisse Varietäten vielleicht soweit zu kennen, dass man dialekthaltige (literarische) Texte und vielleicht auch Dialekt sprechende Gesprächspartner einigermaßen verstehen kann.

Mündlichkeit und Schriftlichkeit

Neben der zunächst betonten Unterscheidung von Sprachproduktion, -rezeption und -reflexion muss muttersprach- wie fremdsprachendidaktisch aber auch der Unterscheidung von Mündlichkeit und Schriftlichkeit angemessen Rechnung getragen werden. Im Primärspracherwerb ist die Reihenfolge klar: Erst lernen wir sprechen, dann schreiben (und lesen). In einem kommunikativen DaF-Unterricht könnte das auch so sein. Aber es muss nicht so sein. Vielleicht wollen wir in der Fremdsprache gar nicht sprechen, sondern für uns vielleicht beruflich wichtige Texte lesen und verstehen können? Je nach Lerner-Interessen könnten wir uns also durchaus auf die schriftlich-rezeptive Kompetenz konzentrieren, oder umgekehrt nur auf mündlich-produktive (und rezeptive) Kompetenz. So wollte eine junge Griechin, der ich einmal ein halbes Jahr Deutschunterricht gegeben habe, nur für die Bedürfnisse in ihrem griechischen Restaurant deutsch sprechen (und verstehen) lernen. Nein, nicht lesen und am besten auch keine Grammatik. Ganz konsequent kommt man aber mit der Beschränkung auf eine Teilkompetenz wohl letztlich doch nicht zurecht (zum Zusammenhang von reflexiven und kommunikativen Kompetenzen siehe Neuland 2000, 237ff.). Aber man kann sicherlich, je nach Lernerbedürfnissen und Lehrmethode, einmal mehr mündlich orientiert, ein anderes Mal mehr schriftorientiert arbeiten.

Mit der Diskussion diatopischer Varietäten haben wir uns, von den literarischen Beispielen einmal abgesehen, ganz im Bereich der Mündlichkeit bewegt. Dialekte haben nicht einmal eine kodifizierte Schriftform. Wenn man sie verschriftet, dann so wie man sie spricht. Anders kann auch dialekthaltige Literatur nicht verfahren.

Es gibt demgegenüber andere Varietäten, deren Domäne primär die Schriftlichkeit ist, wie z.B. bei den Fachsprachen, die wir als funktionale Varietäten (des Deutschen), als Zwecksprachen betrachten. – Wir müssen nicht unbedingt an die Ausbildung von Fachübersetzern denken, um den Erwerb auch fachsprachlicher Kenntnisse für DaF-Lerner begründen zu können. Fachsprachlich repräsentiertes Wissen wird immer mehr auch Teil der Standardsprache, die Übergänge von Gemeinsprache und Fachsprache sind zunehmend fließend geworden. Andererseits erscheint das Erlernen eines spezifisch fachsprachlichen Wortschatzes letzten Endes nur dort sinnvoll, wo wir es mit einer Lerngruppe zu tun haben, die auch entsprechende fachliche Kenntnisse besitzt und diese in der Fremdsprache kommunizieren möchte. Es macht keinen Sinn, wenn etwa polnische Germanistikstudenten das Wort *pochieren* lernen, aber mir nicht erklären können, welche Koch-Methode das denn eigentlich ist. Dass ich es nicht wusste, ließ mich durchaus nicht an meiner muttersprachlichen Kompetenz zweifeln. Ich brauchte das nicht zu wissen. Und in der Regel, wenn er nicht im Steigenberger Hotel Koch werden will, braucht es der DaF-Lerner auch nicht. Für den „normalen" DaF-Lerner ohne fachspezifischen Wissenshintergrund könnten fachspezifische und entsprechende fachsprachliche Kenntnisse allerdings dann von Bedeutung sein, wenn er etwa als Dolmetscher oder Fachübersetzer tätig werden möchte. Dann allerdings müssten wir eine weitere Schublade öffnen, die der (auch interkulturellen) Fachkommunikation oder auch die des Diversity-Managements in global operierenden Unternehmen.

Aber auch wenn Fachsprachen gerade auch aus der Perspektive der DaF-Didaktik primär schriftorientiert und zudem auf Terminologiearbeit reduziert gesehen worden sind, weisen sie natürlich auch eine Ebene der (mündlichen) Fachkommunikation auf (zur Bedeutung der Mündlichkeit im Prozess des Verständlichmachens von Texten s. Biere 1989, 260ff.) Mit der Orientierung auf Fachkommunikation (anstatt Fachsprachen) wäre DaF-didaktisch der Anschluss an die neuere Fachsprachenforschung gewonnen, die neben der systembezogenen Orientierung auf spezifische lexikalische und syntaktische Eigenschaften je spezifischer Fachsprachen zunehmend eine verstärkte fachsprachenpragmatische Orientierung, nicht zuletzt des DaF-Unterrichts, fordert: eine Orientierung auf den Fachsprachengebrauch in verschiedenen Typen (mehr oder weniger) fachlich geprägter Kommunikationssituationen, von der fachinternen bis zur fachexternen Kommunikation, einschließlich ihrer interkulturellen Dimensionen (s. Biere/Liebert 1997, die eine stark metaphorisch ausgeprägte mündliche Fachkommunikation als Ausgangspunkt für die Gewinnung von (metaphorischen) Vermittlungsstrategien im Wissenstransfer nutzen möchten, sowie zu Aspekten der Verständlichkeit beim Fachsprachengebrauch Biere 1998).

Zusammenfassende Thesen

1. Für DaF-Lerner, wie auch für Muttersprachler, ist eine allgemeine Kenntnis, mindestens eine gewisse Sensibilität für Varietäten auf der rezeptiven und reflexiven Ebene des Sprachgebrauchs wünschenswert und kommunikativ von Vorteil.

2. Verstehen wir Varietäten nicht systemlinguistisch, sondern als sozio-stilistisch oder kommunikativ-funktional begründete Verwendungsweisen von Varietäten in je bestimmten Kommunikationssituationen, wird die Varietätenwahl auch für DaF-Lerner insofern relevant, als eine angemessene Registerwahl einen nicht unwesentlichen Aspekt der kommunikativen Kompetenz darstellt, eben eines

situationsangepassten Sprachgebrauchs darstellt. Im Fall diatopischer Varietäten ist dies freilich oft gar nicht sinnvoll, aber dann wäre es eben kommunikativ kompetent, es zu lassen, wenn man es nicht muttersprachlich gelernt hat.

3. Bei diastratischen Varietäten ist (ähnlich wie bei diatopischen) Vorsicht geboten, wenn DaF-Lerner versuchen, diese aktiv zu verwenden. Auch hier fragt sich, in welchen Situationen dies überhaupt sinnvoll sein könnte.

4. Sinnvoll könnte dagegen die (aktive und passive) Beherrschung derjenigen Fachsprachen sein, die der DaF-Lerner in seinen jeweiligen beruflichen Zusammenhängen braucht. Hier kann es durchaus das Verständnis erleichtern, wenn beide Kommunikationspartner, Muttersprachler wie DaF-Lerner sich der entsprechenden Fachsprache bedienen.

5. In der Fremdsprachendidaktik wie in der Muttersprachdidaktik kann die Sensibilisierung für sprachliche Heterogenität als eine vorbereitende Maßnahme zum interkulturellen Lernen dienen. Sie kann dazu beitragen, sprachliche und kulturelle Vielfalt sowohl in intra- wie in interkultureller Sicht nicht nur zu „ertragen“ zu lernen, sondern als wesentliche Alteritäts- oder Differenzerfahrung zu begreifen, die uns letztlich helfen kann, uns selbst zu verstehen.

(Erstveröffentlichung in: *Estudios Filológicos Alemanes. Revista del Grupo de Investigación Filología Alemana,* Vol. 13. Sevilla 2007, 243-256)

4 *Identität* und *Differenz* als Grundbegriffe einer interkulturell orientierten Didaktik des Deutschen als Fremdsprache

Sprachliche Heterogenität

Fremdsprache und Muttersprache, Deutschunterricht für muttersprachlich deutsche Kinder und für Kinder, deren Muttersprache nicht Deutsch ist, Deutschunterricht für Lerner des Deutschen als Fremdsprache oder als Zweitsprache, im In- oder im Ausland, Inlandsgermanistik und Auslandsgermanistik. Komplexe Lehr- und Lernsituationen mit individuell höchst unterschiedlichen Lernern mit unterschiedlichen Lerninteressen, mit unterschiedlichen Lernfortschritten und Voraussetzungen.

Vom Sprechen und Verstehen verschiedener Muttersprachen oder verschiedener Fremdsprachen bis zum Sprechen einer regional, sozial oder funktional begründeten Varietät begegnet uns in unterschiedlichsten kommunikativen Kontexten sprachliche Vielfalt, Heterogenität oder Differenz (s. Biere 2007b). Die Wahrnehmung und Thematisierung des Differenten, von Alterität, der großen oder kleinen Unterschiede (und damit vielleicht auch wieder von Individualität) hat seltsamerweise oder charakteristischerweise in einer Zeit Konjunktur, in der Individualität im globalen Diskurs immer mehr unterzugehen droht, wo der „Autor“ mit Foucault für tot erklärt wird, wo systemtheoretisch das Individuum weg gekürzt wird und der Begriff des Individuellen nur noch als romantisches Relikt erscheint, selbst dort, wo er im poststrukturalistischen oder dekonstruktivistischen Diskurs der Differenz erneut hätte zum Tragen kommen können.

Differenzen ent-stehen, be-stehen, heben sich auf in neuen, wenngleich oft multiplen Identitäten oder bringen neue Differenzen hervor, weil zu viel Identität ebenso wenig angezeigt ist, wie zu viel Differenz. Identitäten und Differenzen lösen sich nicht einfach auf, sondern stehen in der Regel in einem (vielleicht unauflöslichen, gleichwohl sinnvollen und nützlichen) Spannungsverhältnis. Inlands- und Auslandgermanistik, mehr noch Muttersprachendidaktik und Fremdsprachendidaktik stehen wohl in einer ähnlichen Art von Spannungsverhältnis zueinander, wo sie einmal eher konkurrieren, ein anderes Mal sich wechselseitig befruchten oder sich in ihrer Differenz vielleicht auch auflösen, weil sich in manchen Kontexten die Unterschiedlichkeit ihrer Gegenstände bzw. Fragestellungen aufzulösen scheint. – So frage ich mich beispielsweise in einer 4. Klasse in der Grundschule mit 12 Nationalitäten, 10 verschiedenen Muttersprachen und 3 Kindern mit Deutsch als Muttersprache, was da muttersprachliche Didaktik und Methodik und was Didaktik und Methodik des Deutschen als Zweit- oder Fremdsprache ist. Oder ist es beides, eine ganz neue Art von sprachdidaktischer Herausforderung? (s. Steinig/ Huneke 2004, 9f.) Was ist hier noch „identisch“ bei all den mehr oder weniger offensichtlichen (natürlich nicht nur sprachlichen) *Differenzen*?

Modi der Sprachverarbeitung

Vielleicht kommt es im Kontext allgegenwärtiger sprachlicher Heterogenität nicht mehr darauf an, dass alle alles können. Vielleicht reicht es in bestimmten Kontexten beispielsweise aus, zwar eine bestimmte (Fremd)sprache, diese jedoch nicht in allen Modi zu beherrschen. Vielleicht könnten dementsprechend die Lernerinteressen sich einmal mehr auf rezeptive Fähigkeiten, ein anderes Mal mehr auf produktive Fähigkeiten konzentrieren und dies wiederum einmal mehr in der Mündlichkeit, ein anderes Mal mehr in der Schriftlichkeit (vgl. Zint-Dyhr/ Colliander 2006, 10). Zweifellos besteht unsere (muttersprachliche wie fremdsprachliche) Kompetenz idealiter darin, die jeweilige Sprache in all ihren Modi oder Verwendungsweisen gleichermaßen zu beherrschen, rezeptiv wie produktiv, mündlich wie schriftlich. Aber selbst Muttersprachlern fällt oft das eine leichter oder schwerer als das andere. Manche tun sich mit dem Sprechen schwer, manchen ist Schreiben eine Last, anderen das Lesen oder Zuhören.

Der eine schreibt professionell, der andere redet professionell, hat es vielleicht von Berufs wegen besonders ausgebildet. Ein Dritter liest gern, weniger professionell, aber mit Begeisterung, hat diesen Modus der Sprachverarbeitung also aus eher privatem Interesse besonders ausgebildet. Wenn ich nach Spanien reise, um dort Urlaub zu machen, eigne ich mir ein paar Kontaktformeln und etwas mehr an, im beruflichen Kontext dagegen vielleicht so viel Spanisch-Kenntnisse, dass ich germanistische Fachliteratur einigermaßen lesen kann. Das reicht freilich nicht zu einer halbwegs intelligenten Kommunikation auf Spanisch, es reicht auch nicht dazu, passiv an einer Kommunikation unter spanischen Muttersprachlern teilzunehmen. Aber es reicht für bestimmte Arten von (kommunikativen) Zwecken. Auch produktiv, mündlich wie schriftlich, gelange ich dabei natürlich schnell an die Grenzen meiner Ausdrucksmöglichkeiten, aber mir bleiben doch diejenigen Formulierungsmöglichkeiten, über die ich verfüge, um zumindest einen Teil dessen sagen zu können, was ich sagen will, wenn ich es auch längst nicht so sagen kann, wie ich es möchte: Ich unterliege einer der typischen Beschränkungen lernersprachlicher Kommunikation, der „Bedeutungsreduktion“ (Knapp 2004, 418).

Die Modi der Sprachverarbeitung können aber, wie gesagt, ebenso von Muttersprachlern unterschiedlich gut beherrscht werden. Es sind je spezifische Lern- oder Sprachgebrauchsumstände, aber auch systematische Gründe, die dafür verantwortlich sind, dass ich in der einen oder in der anderen Modalität mehr oder weniger ausgeprägte Fähigkeiten besitze. Die Differenz kann über die verschiedenen Modi der Sprachverwendung hinaus aber auch in einer Art Bereichs- oder Domänenspezifik der jeweiligen Kommunikation liegen, wo sie sich z.B. in der unterschiedlichen Beherrschung einer fachspezifischen Thematik zeigt. Besonders in diesem Sinn, also in ihrer Bindung an Sach- und Fachkompetenz, ist die Ausprägung unserer individuellen Sprachkompetenz natürlich auch in der Muttersprache unterschiedlich; worüber wir nicht reden können, müssen wir schweigen: eine weitere Art von Beschränkung lernersprachlicher Kommunikation, die „Themenvermeidung“ (Knapp 2004, 418). Aber wir wollen in der Tat oft nicht eine Sprache schlechthin lernen, sondern verfolgen mit dem Erlernen dieser oder jener Sprache je spezifische Ziele und versuchen spezifische Teilkompetenzen mehr oder weniger gut auszubilden (s. Huneke/ Steinig 2002, 75f.).

Wieweit wir dies fremdsprachendidaktisch nicht nur grundsätzlich reflektieren müssen, sondern vielleicht auch in interessenspezifischen Formen des Sprachunterrichts didaktisch-methodisch systematisch umsetzen können, ist eine Frage, die ich hier nicht weiterverfolgen kann. Dabei wäre dann allerdings auch zu fragen, inwieweit es bei aller notwendigen interessenbedingten Differenzierung nicht doch einen identischen Bereich des sprachlichen Wissens geben müsste, eine Art grammatisch-lexikalischer Basis, jenseits derer Differenzierung (z.B. im Sinn von *fundamentum* und *additum*) allererst einsetzen kann.

Wir sehen: Fremdsprachendidaktisch wie muttersprachendidaktisch sind wir in irgendeiner Weise immer schon in Fragen von Identität und Differenz involviert, im Kontext von sprachlicher Heterogenität ebenso wie im Kontext unterschiedlicher Lernerinteressen und dementsprechend auszubildender (Teil)kompetenzen.

Identität und Differenz

Ich will im Folgenden die Begriffe ‚Identität' und ‚Differenz' nicht individual- oder sozialpsychologisch fassen, sondern sie in einem eher philosophie- oder geistesgeschichtlichen Diskussionszusammenhang zu rekonstruieren versuchen, in dem sie auf die Entwicklung hermeneutischer Positionen seit der Aufklärung verweisen bis hin zum poststrukturalistischen Versuch, Hermeneutik und Dialektik in ihrem vermeintlichen Festhalten an der identitätsphilosophischen Tradition zu desavouieren, um seinerseits die Differenz als Differenz denken zu können.

Die poststrukturalistische oder dekonstruktivistische Perspektive sucht keine „Ausgleichung" mehr zwischen Individuellem und Allgemeinem, zwischen Differenz und Identität, sondern verneint grundsätzlich die Möglichkeit (richtigen) Verstehens in der Qualifizierung jedes Verstehens als Missverstehen. Zweifellos heißt ‚verstehen' ‚anders verstehen', aber hatte nicht bereits Friedrich D. Schleiermacher genau diese Konsequenz gezogen, als er im Gegensatz zur Aufklärungshermeneutik das Missverstehen als den Regelfall und das Verstehen als ein immer neu zu suchendes, gleichwohl immer nur approximativ zu erreichendes betrachtete? Mit der Unterscheidung einer „laxeren Praxis in der Kunst" und einer „strengere(n) Praxis" (Schleiermacher 1838; 1977, 92) gesteht er jedoch immer noch zu, dass es -

eben in der alltagspraktischen, sog. „laxeren Praxis“ - ein vormethodisch gewisses, d.h. ein seiner selbst sicheres Verständnis gibt. Die „strengere Praxis“ allerdings kann sich nicht mehr damit zufriedengeben, „Missverstand“ zu vermeiden, sie muss vielmehr davon ausgehen, „daß sich das Mißverstehen von selbst ergibt und das Verstehen auf jedem Punkt muß gewollt und gesucht werden“ (ebd.).

Der Unterschied zwischen diesen beiden Praktiken beruht im Wesentlichen darauf, dass die „laxere Praxis“ von der „Identität der Sprache und der Kombinationsweise in Redenden und Hörenden“ ausgeht, während die „strengere Praxis“ „von der Differenz der Sprache und der Kombinationsweise aus(geht)“ (ebd.). Aber auch das Ausgehen von der Differenz „(muss) auf der Identität ruhen (…)“, auch wenn diese nur „das Geringere“ ist. Genau dies - dass die Identität „nur das Geringere ist“ - entgeht der „kunstlosen Praxis“. Eine grundsätzliche „Kritik des identifizierenden Denkens“ ist dies allerdings nicht. Schleiermachers Denkens zielt durchaus auf das Identische ab, bewegt sich also in der identitätsphilosophischen Tradition, wenn auch das Identische gegenüber der Differenz gewissermaßen herabgestuft wird zur „kunstlosen“ Praxis, zu einem „naiven“ Verständnis der Möglichkeit gelingenden Verstehens. Genau dies unterscheidet die romantisch-hermeneutische Position von der aufklärungshermeneutischen, die identisches Verstehen noch als unproblematisch voraussetzt.

Dagegen zielt das poststrukturalistische „Denken der Differenz“ „auf das Verschiedene“ ab, das „nicht zurück(zu)führen (ist) auf dasselbe und das Gleichartige“ (Kimmerle 1992, 15). Wenn das begriffliche Denken „von sich aus identifizierend“ ist, so „(muß) das Besondere, Nicht-Identische (…) durch die Raster dieses Denkens fallen“ (Kimmerle 1992, 16), auch in dem negativ dialektischen Versuch Adornos, das identitätsphilosophische Denken zu überwinden und „durch den Begriff über den Begriff hinauszugelangen“ (Adorno 1982, 27). Wenn Derrida schließlich nicht mehr bereit ist, „die traditionelle Begrifflichkeit als etwas Unentrinnbares hinzunehmen“ (Kimmerle 1992, 17), also die identifizierende Leistung des Begriffs anzuerkennen, kann es - begrifflos geworden - wohl keine „Philosophie“ mehr geben, auch keine der Differenz. Was bleibt, ist jene Praxis differenten Denkens, wie sie sich etwa in der dekonstruktiven Arbeit mit und an Texten manifestiert.

Ist diese Praxis aber im Ergebnis etwas anderes als eine hermeneutische? Macht Derrida (1967; dt.1983, 371) z.B. in seiner Rousseau-Interpretation unter der Leitfrage „Was sagt Rousseau, ohne es zu sagen?“ tatsächlich etwas anderes als Schleiermacher, wenn dieser die Aufgabe des „objektive(n) und subjektiven Nachkonstruieren(s) der gegebenen Rede“ (Schleiermacher 1838; 1977, 93) als die Aufgabe beschreibt, „’die Rede erst ebenso gut und dann besser zu verstehen als ihr Urheber’“ (ebd., 94)? Auch wenn Derridas Ziel erklärtermaßen nicht mehr ein „Verstehen im Sinne einer Verschmelzung der Horizonte, sondern das Herausarbeiten der Unterschiede (ist), die nicht erneut in eine Einheit zusammengenommen werden“ (Kimmerle 1992, 52; vgl. Gadamer 1965), so sind diese Unterschiede doch nur „Differenzen“ im Hinblick auf etwas identisch Gesetztes – selbst wenn dies „nur“ ein differentielles „System“ ist, in dem alles negativ bestimmt seinen „Wert“ hat, seinen Platz im „Spiel der Differenzen“, aber eben doch einen bestimmbaren Platz, weil in der Sprache – so antizipiert Schleiermacher bereits de Saussure – „jedes Element auf eine besondere Weise bestimmbar ist durch die übrigen“ (Schleiermacher 1838; 1977, 80). Eine solche differentielle Auffassung von Systemen schließt deren Veränderbarkeit und somit auch Sprachwandel keineswegs aus, die radikale Konsequenz ist vielmehr, dass sich mit der „Verschiebung“ eines Elements zugleich das gesamte System verändert. Was konstant bleibt, ist lediglich das, was von den Kommunikationspartnern und/oder vom Beobachter jeweils als identisch gesetzt, also konstant gehalten wird, wie z.B. jene von J. Habermas apostrophierte kontrafaktische Voraussetzung „intersubjektiv identischer Bedeutungszuschreibungen“ (Habermas 1988, 233). Was Habermas hier benennt, ist bei Schleiermacher in den Dialektik-Vorlesungen ebenfalls bereits erkannt als die idealisierende Unterstellung „eines (wie immer unerreichbaren) Wissens-Ideals“ , ohne die es „keinerlei Gewähr für die Intersubjektivität der jeweils diskursiv erzielten Übereinkünfte“ wie für die „Selbigkeit des Gegenstandes, dem divergierende Prädikate zugesprochen werden“ gäbe (Frank 1990, 11).

Identität muss also in Hermeneutik wie Dialektik in einem je spezifischen Sinn „vorausgesetzt“, somit „gesetzt“ werden: einmal im Habermas’schen Sinn als „intersubjektiv identische Bedeutungszuschreibungen“ und dann im Schleiermacher’schen Sinn als eine gemeinschaftliche Vorstellung von einem „Ding als Einheit“, das wir gleichwohl von unterschiedlichen Standpunkten betrachten können, ohne dass dies seine Einheit in Frage stellt. Im Gegenteil: Die verschiedenen Perspektiven sind geradezu konstitutiv für die Einheit eines Dinges, denn wenn „kein Ding als Einheit anders als in der Totalität seiner Relationen zu verstehen ist, diese sich aber anders gestalten müssen, je nachdem die Position des Menschen gegen die Natur eine andere ist, so müssen auf entgegengesetzten Punkten auch verschiedene Systeme der Erkenntnis stattfinden“ (Schleiermacher 1812/13; 1977, 383). In diesem Sinn lässt sich die Differenz als eine aus der jeweiligen Perspektive auf den (mit sich selbst) identischen Gegenstand resultierende begreifen, auch wenn diesem in „verschiedene(n) Systeme(n) der Erkenntnis“ divergierende Prädikate zugesprochen werden.

Radikale Hermeneutik

Die Einheit des zu verstehenden oder auszulegenden Gegenstandes, seine Identität, erscheint also, indem sie unter Absehung von Differenzen als Identität „gesetzt“ wird, in irgendeinem Sinn immer „konstruiert“,. Dabei müssen die Konstruktionen nicht wirklich identisch sein: es sind idealisierende oder kontrafaktische, kommunikativ gleichwohl notwendige Unterstellungen, tentativ gemeinschaftliche Sinn-Konstrukte, auch wenn sie aus unterschiedlichen Deutungsperspektiven gewonnen worden sein mögen. Diese Einsicht vermittelt uns nicht erst eine konstruktivistische oder dekonstruktivistische Perspektive auf das Verstehen, sie ist vielmehr bereits angelegt in einer Richtung hermeneutischen Denkens, die ich unter dem Begriff einer „radikalen Hermeneutik“ zusammenzufassen vorgeschlagen habe (s. Biere 2006 und 2007a).

Eine solche radikal-hermeneutische Position finden wir noch nicht in der Aufklärungshermeneutik, obwohl gerade J.M. Chladenius (1742) im Kontext seiner Geschichtstheorie bereits eine Vorstellung perspektivischer Wahrnehmung und Deutung historischer Ereignisse entwickelt, deren „Einheit“ oder Identität nunmehr wohl in der Vielfalt differenter Perspektiven auf ein Ereignis immer wieder neu konstruiert werden müsste. In der Hermeneutik Schleiermachers (s. Biere 1989, 4-12) dagegen lässt sich eine radikal-hermeneutische Idee des Verstehens finden, die einen großen Teil dessen vorwegnimmt, was konstruktivistisch-kognitivistisch als Konstruktion mentaler Modelle vorgestellt wird (vgl. Schnotz 1985). Hermeneutisch findet sich diese Vorstellung bereits im Begriff jenes „kühnen Entwurfs“, mit dem das Verstehen seinen divinatorischen Anfang nimmt. Ein Entwurf, der ein Ganzes vorwegnehmen muss, um die sukzessiv zu verstehenden Teile auf eine Idee projizieren zu können, von der aus diese Teile einen möglichen Sinn als Teile eines hypostasierten Ganzen erhalten – und sei dies nur ein einzelner Satz.

Die Approximativität des Verstehens lässt es zu einer ständigen Probe werden, wie weit sich ein Verständnis als kommunikativ tragfähig erweist. Und was wir da immer wieder auf die Probe (und damit auch zur Disposition) stellen, sind eben unsere „Konstruktionen" eines Sinns, der in der Materialität des Textes als Möglichkeit aufgehoben scheint; Konstruktionen also eines virtuellen Sinns, den wir nicht schlicht „dechiffrieren" im Sinne der leider gerade in didaktischen Kontexten gängigen Vorstellung einer „Sinn-Entnahme", sondern den wir immer wieder neu konstruieren (vgl. Schmidt 1994). Eine Zeit lang mögen solche Sinn-Konstruktionen durchaus als „identisch" wahrgenommen werden, solange wir uns in einem gemeinsamen Diskurs zu bewegen glauben bzw. uns und andere dies glauben machen wollen. Tatsächlich ist das Verstehen unabgeschlossen, nicht abschließbar, aber eben konstruktiv im beständigen „Fortsetzen der Probe, ob alle Menschen ihre Vorstellungen identisch konstruieren" (Schleiermacher 1812/13; 1977, 460).

In diesem Kontext wie im Kontext des Unendlichkeits- und Approximativitätstopos bleibt die hypostasierte Identität genau das, was sie ist: eine kontrafaktische (gleichwohl kommunikativ notwendige) idealisierende Annahme. Wir halten voller Hoffnung inne, und in diesem Moment des Innehaltens scheint nicht nur die romantische Sehnsucht auf, das individuelle Bewusstsein des Anderen irgendwann doch noch verstehend erreichen zu können, sondern auch die Verzweiflung, es niemals zu schaffen. „Wir müssen uns Sisyphos als einen glücklichen Menschen vorstellen". Jener Moment des Innehaltens, in dem er begreift, dass die Hoffnung eitel ist, „vollendet gleichzeitig seinen Sieg" (Camus 1960, 156).

Was wir dabei sprachlich letztlich „aushalten" müssen, ist die Einsicht, dass sich das Wesen von Sprache in ihrer scheinbar paradoxen doppelten Charakterisierung als „individuelles Allgemeines" (Frank 1977) findet: So „(entsteht) von Seiten der Sprache (…) die technische Disziplin der Hermeneutik daraus, daß jede Rede nur als objektive Darstellung gelten kann, inwiefern sie aus der Sprache genommen und aus ihr zu begreifen ist", auf der anderen Seite kann sie aber „nur entstehen (…) als Aktion eines Einzelnen, und als solche, wenn sie auch ihrem Gehalt nach analytisch ist, doch von ihren minder wesentlichen Elementen aus freie Synthesis in sich trägt. Die Ausgleichung beider Momente macht das Verstehen und Auslegen zur Kunst" (Schleiermacher, Entwürfe zu einem System der Sittenlehre 1913, in: Schleiermacher 1977, 384).

Ausgehend von den Modi der Sprachverarbeitung sind wir nun anscheinend ganz auf der rezeptiven Seite, beim Hören und Verstehen oder beim Lesen und Verstehen angekommen. Dabei habe ich zu zeigen versucht, dass poststrukturalistische Denkmuster bereits in der romantischen Hermeneutik des 19. Jahrhunderts bei Friedrich Schleiermacher vorgeprägt sind. Eine solche Hermeneutik ist in dem Sinne „radikal", dass sie letzten Endes (fast) genauso weit geht wie die dekonstruktivistische Position Jacques Derridas. Sie geht soweit, ‚Verstehen' nicht mehr als den Normalfall, sondern als einen „Glücksfall" anzusehen und die Vorstellung gelingenden, d.h. identischen Verstehens als idealisierende, wenn auch kommunikativ notwendige Unterstellung zu entlarven. Gleichzeitig entlarvt die romantische Hermeneutik, um es paradox zu formulieren, die „romantische" Vorstellung der Aufklärung von einer in allen Menschen identischen Vernunft, indem sie sich mit der aus romantischen Konzepten von Individualität zu gewinnenden Idee der Unterschiedlichkeit gegen ein Differenzen verwischendes, alles unter einen einheitlichen Begriff von Vernunft subsumierendes Prinzip von Identität (identischen Wahrnehmens, Konstruierens und Verstehens) stemmt.

Gleichwohl sollte die Entdeckung der Differenz im romantischen Denken, in Hermeneutik wie in Dialektik, uns nicht dazu verleiten, die nicht weniger bedeutsamen Einsichten der Aufklärung im Anflug eines neuen pseudo-romantischen Irrationalismus über Bord zu werfen. Es sollte aus heutiger Sicht m.E. darum gehen, einmal mehr nach Möglichkeiten der Versöhnung von Aufklärung und Romantik, von Vernunftglauben und Individualitätsdenken zu fragen; einmal mehr auch danach zu fragen, wie viel Subjektivität und wie viel Objektivität, wie viel Differenz und wie viel Identität wir brauchen, aber auch wie viel wir „aushalten" können bzw. müssen.

Fremdverstehen und interkulturelles Lernen

Wie ich historisch-systematisch zu zeigen versucht habe, findet sich die Spannung von Identität und Differenz in den Paradigmen von Aufklärung und Romantik einmal mehr auf Identität (in der Aufklärung), ein anderes Mal mehr auf Differenz (in der Romantik) abzielend. Und auch die aktuelle Hermeneutik-Diskussion, die in den letzten Jahrzehnten wesentlich durch die Kontroverse zwischen philosophischer Hermeneutik und Dekonstruktivismus, zwischen H.-G. Gadamer und J. Derrida (s. Kimmerle 1991), geprägt worden ist, oszilliert weiterhin zwischen Identität und Differenz: zwischen der Hoffnung, in Verstehens- bzw. Verständigungsprozessen Differenz(en) zu „überwinden", um in vielleicht neuen (multiplen) Identitäten eine verloren gegangene Einheit zurück zu gewinnen, und der ernüchternden Einsicht in die Unendlichkeit eines Prozesses, in dem Differenz ebenso wie Identität immer wieder neu „konstruiert“ wird.

In einer interkulturellen Germanistik wie in einer interkulturellen Fremdsprachendidaktik oder auch im Kontext multikultureller Gesellschaften wird ‚Verstehen’ unter dem Terminus ‚Fremdverstehen’ in der Regel im Zusammenhang mit Begriffen des interkulturellen Lernens oder einer interkulturellen bzw. transkulturellen Kompetenz thematisch. Dabei wird erneut Bezug genommen auf (kulturelle) Identitäten und Differenzen, die es mehrperspektivisch zu verstehen und zu vermitteln gilt, so dass wir die historisch-systematisch diskutierte Spannung von Identität und Differenz auch hier wiederfinden. In diesem Diskussionskontext besteht m.E. allerdings derzeit noch so viel begrifflicher Klärungsbedarf, dass mehr als ein Vortrag damit zu bestreiten wäre (vgl. Rathje 2006). Ich will deshalb hier abschließend nur einige Aspekte andeuten, unter denen die Diskussionen aktuell geführt werden bzw. weitergeführt werden sollten:

(1) Sprachkompetenz und interkulturelle Kompetenz: Im Kontext kompetenzbezogener Zielformulierungen, wie sie in Deutschland jetzt wieder in den sog. Bildungsstandards und in neuen Rahmenplänen für die Schulen in den einzelnen Bundesländern zu finden sind, erscheint mir die kritische Position von Juliane House erneut bedenkenswert, die m.E. zu Recht einwendet, dass mit der einseitigen Orientierung auf „den modischen Ausdruck ‚interkulturelle Kompetenz’“ (House 1997, 1) etwas völlig ins Abseits geraten sei, was den Kern fremdsprachlichen Lernens ausmache, nämlich der Erwerb sprachlicher Fähigkeiten und Fertigkeiten. Die „mainstream“-Konzeption interkultureller Kompetenz sei „einseitig auf die affektive Domäne kapriziert (Empathie, Verstehen, Toleranz und so weiter) zum Nachteil und Schaden der anderen beiden Domänen [der kognitiven und der

skillspezifischen; B.U.B.]“ (House 1997, 3). Und im Übrigen gebe es längst eine theoretisch fundierte Begrifflichkeit, die Konzepte interkulturellen Lernens zu integrieren erlaube. Wenn man sich mit dem Konzept der kommunikativen Kompetenz, wie es im Anschluss an die kritische Diskussion des Chomsky‘schen Begriffs der *linguistic competence* entwickelt worden ist, auch auf die situativ-pragmatische Dimension des Sprechens wie auf die unterschiedlichen Zwecke des Erwerbs einer Fremdsprache beziehe, so beinhalte eine solchermaßen umfassend verstandene kommunikative Kompetenz „alles […], was man mit interkultureller Kompetenz […] meinen kann“, wenn man dem Fremdsprachenunterricht nicht darüber hinaus „einseitige affektiv-emotionale Ziele […] oktroyieren“ wolle (House 1997, 4). Verfügen wir also nicht bereits – dies wäre meine erste Frage - über geeignete theoretische Konzepte, die das der interkulturellen Kompetenz im Sinne des Verstehens von „Sprache in einem bestimmten situativen (Mikro-)Kontext und in einem kulturellen (Makro)Kontext“ (House 1997, 4f.) einschließen und zugleich theoretisch zu begründen vermögen?

(2) Fremdverstehen – interkulturelles Verstehen: Meine zweite Frage wäre, was interkulturelles Verstehen überhaupt gegenüber dem grundsätzlichen Problem des Verstehens auszeichnet bzw. inwiefern es Sinn macht, von „Fremdverstehen“ oder von „fremdkulturellem Verstehen“ zu sprechen (vgl. Christ 1997). Ist im „eigenkulturellen Verstehen“ denn nichts fremd? Welche Vorstellung des Unterschieds von Eigenem und Fremdem, von Identität und Differenz liegt Konzepten interkulturellen Verstehens zugrunde? Ist es eine Frage der sprachlich-kulturellen oder einer religiösen, politischen oder ethnischen Zugehörigkeit bzw. eines entsprechenden Zugehörigkeitsempfindens? Und sind dies nicht eher Zu-schreibungen (i. S. von Attribuierungen) als Beschreibungen tatsächlich vorhandene Merkmale von

Personengruppen? Ist es nicht eine Frage der Abstraktionsebene, inwieweit solche Zuschreibungen als Unterschiede sichtbar gemacht bzw. zum Verschwinden gebracht werden? Ist für die Praxis „differenten Denkens“ im poststrukturalistischen Kontext nicht alles unterschiedlich, bevor es homogenisiert bzw. identitätsphilosophisch unter einen einheitlichen Begriff subsumiert wird? Wir vergleichen, anstatt die Differenz als solche zu denken.

Aber können wir etwas uns Fremdes anders verstehen, als mit jenem *„etwas ist so, wie...“*, vielleicht nur ein bisschen anders? Ob es Differenzen gibt oder ob diese erst wahrnehmbar werden, wenn wir kategoriale Unterscheidungen treffen, ob wir Differenzen überhaupt denken können, ohne etwas identisch zu setzen, mag denen als eine sehr theoretische Frage erscheinen, die eher vor der pädagogischen Herausforderung stehen, wie wir mit Differenzen, mit Vielfalt, mit Andersartigkeit und Fremdheit – auch im muttersprachlichen Kontext - umzugehen in der Lage sind. Hier stellt sich die Frage nach interkulturellem Lernen nicht als Frage nach einem neuen Unterrichtsfach oder –teilfach (wie z.B. die Landeskunde in der Fremdsprachendidaktik), sondern als Frage nach einem Unterrichtsprinzip. In außerschulischen multikulturellen Kontexten, in Situationen interkultureller Kommunikation stellt sich die Frage nach „Verständigung in der Vielfalt“ (Liebert 2003) inzwischen wohl eher als Frage nach möglichen Synergieeffekten, die ein geschicktes *diversity management* hervorzubringen in der Lage sein könnte. Müssen wir (kulturelle) Unterschiede „verstehen“ lernen, um sie in diesem Sinn tatsächlich „nutzen“ zu können?

Sicherlich. Aber geht es nicht in erster Linie um *Sprach*verstehen? In der mündlichen wie in der schriftlichen Kommunikation geht es zunächst darum, mündliche bzw. schriftliche Äußerungen, Texte, hörend bzw. lesend zu verstehen. Es geht weniger, vielleicht überhaupt nicht darum, das Verstandene zu akzeptieren. Und wenn es darum geht, den Partner in einem empathischen Sinn zu verstehen, so geht es wohl weniger um Kongenialität als vielmehr darum, seine Andersartigkeit oder Fremdheit in einem gewissen Sinn aushalten d.h. bewusst tolerieren zu können, ohne ihn gleich (bewusst oder unbewusst) verändern zu wollen. Es geht im Sinne unterschiedlicher Kulturbegriffe, wie sie Rathje (2006, 12ff.) diskutiert, eher um „Differenzorientierung“ als um „Kohärenzorientierung“. Selbst wenn wir als Sprachvermittler zu einem guten Teil immer auch Kulturvermittler sind, weil die Sprache selbst kulturvermittelnd und -vermittelt ist, sollten wir uns zunächst damit zufriedengeben, die Sprachkompetenz unserer jeweiligen Lernergruppen in dem von diesen jeweils gewünschten Sinn verändern bzw. erweitern zu wollen. Nicht nur wenn wir dies professionell tun, stehen wir dabei, wie ich zu zeigen versucht habe, immer in irgendeiner Art von Spannung zwischen Identität und Differenz, zwischen Einheit und Vielfalt.

Am Ende steht das schlichte Plädoyer für Vielfalt, weil sie immer schon da ist. Wir müssen nicht die Differenz abstraktiv konstruieren, sondern die Identität. Auf die Seite des Identischen schlagen wir uns in der von Friedrich Schleiermacher so genannten „kunstlosen Praxis“, in der wir die Möglichkeit identischen Verstehens naiv unterstellen. Der Wahrnehmung des Differenten liegt eine Praxis des Verstehens als Kunst zugrunde, in der das Verstehen immer wieder (neu) gesucht werden muss, sei es intra-kulturell, inter-kulturell oder trans-kulturell. Immer bleibt es jener von F. Schleiermacher apostrophierte Annäherungscharakter des Verstehens, der uns manchmal frustriert, den wir gleichwohl aushalten müssen: So sollten wir uns auch den „interkulturellen“ Sisyphos „als einen glücklichen Menschen vorstellen“ (Camus 1969, 156), auch im Scheitern einer vielleicht etwas zu optimistischen Pädagogisierung der Welt.

(Erstveröffentlichung in: Jarillot Rodal, Christina (Hrsg.): *Bestandsaufnahme der Germanistik in Spanien. Kulturtransfer und methodologische Erneuerung.* Unter Mitarbeit von Miguel Ayerbe, Erich Huber, Mario Saalbach, Frank Schulze & Ibon Uribarri. Bern, Berlin u.a.: Peter Lang, 161-170)

5 „Kebab ist Kultur“. Interkulturelle Missverständnisse in einer Erzählung von Rafik Schami

Migranten und Literatur

Im Brockhaus ‚Literatur' (2004) führt uns vom Eintrag ‚Migrantenliteratur' ein Querverweis unmittelbar zu einem Sonderartikel ‚Interkulturalität':

In der deutschsprachigen Literatur werden unter dem Aspekt der Interkulturalität die als Migrantenliteratur bezeichneten Werke nicht-deutscher Autoren in deutscher Sprache untersucht: Texte von Arbeitsmigranten („Gastarbeiterliteratur“), die Werke von Asylsuchenden wie Said (die auch, aus anderer Perspektive, Exilliteratur sind) und von nach Deutschland übersiedelten Schriftstellern, die zuvor als Angehörige einer deutschsprachigen Minderheit schrieben wie Oskar Pastior, Herta Müller, Richard Wagner.

Auch wenn ich als Linguist in der Regel mehr an Texten als an deren Verfasser interessiert bin, denke ich, dass ich Ihnen eine Kurzinformation über „meinen“ Autor, Rafik Schami, schuldig bin. Sicherlich kann Rafik Schami in einem gewissen Sinn zur Migrantenliteratur gerechnet werden, und er wird auch in der Sekundärliteratur in entsprechenden Kontexten behandelt (z.B. Rösch 1992). Aufgrund der Geschichten in dem 1988 veröffentlichten Erzählband „Die Sehnsucht fährt schwarz. Geschichten aus der Fremde“ und der Kindergeschichte „Der Kameltreiber von Heidelberg“ (2006; als Hörspiel 1987) wird Rafik Schami durchaus zur „Gastarbeiterliteratur“ gerechnet, auch wenn er sich früh „dieser thematischen und lokalen Einengung entzogen und eine Art von Migrationsliteratur geschrieben [hat], die Migration im

Spannungsfeld von Orient und Okzident, von Tradition und Aufbruch, von Macht und Ohnmacht thematisiert. Dabei gewinnen seine Protagonisten Einsichten, die für das Leben in multikulturellen Gesellschaften weltweit Gültigkeit haben.“ (El Wardy 2003). Konzentrierten sich die frühen Arbeiten zur „Gastarbeiterliteratur“ eher auf türkische und italienische Migrantenautoren (z.B. Reeg 1988), so richtet sich die Aufmerksamkeit seit gut einem Jahrzehnt „auch auf andere Minderheiten, z.B. die arabische“ (El Wardy 2003). In diesem Kontext kann man Rafik Schami nicht zuletzt als „arabische(n) Schriftsteller in Deutschland“ (ebd.) betrachten.

In allen biographischen Notizen (vgl. Wild 2006) finden sich weitgehend übereinstimmende biographischen „Eckdaten“. Rafik Schami, eigentlich Suheil Fad’el, 1946 als Sohn eines Bäckers und Angehöriger einer christlichen, aramäischen sprechenden Minderheit in Syrien unweit von Damaskus (Syrien) geboren, lebt seit 1971 in Deutschland, in einem kleinen Ort in der Nordpfalz; er schreibt seit über dreißig Jahren in Deutsch, obwohl seine Muttersprache nicht Deutsch ist, sondern Arabisch. Zunächst verfasste er seine Werke (bis 1977) auf Arabisch und übersetzte sie dann z.T. selbst. Nach einigen Jahren in Deutschland schreibt er schließlich seit 1977 in deutscher Sprache (vgl. DER BROCKHAUS ‚Literatur’ 2004, 735). Sein Chemiestudium schließt er 1979 mit Promotion in Heidelberg ab und arbeitet seit 1982 als freier Schriftsteller. Für den Erzählband „Der Fliegenmelker“, aus dem unser kleiner Text „Kebab ist Kultur“ stammt, wurde Schami 1986 mit dem Thaddäus-Troll-Preis ausgezeichnet, nachdem er ein Jahr zuvor bereits den Adalbert-von-Chamisso-Förderpreis für sein Gesamtwerk erhalten hatte. Zahlreiche weitere Preise folgen, seit 2002 ist er Mitglied der Bayerischen Akademie der Schönen Künste.

Schami ist in vielen Genres zuhause, er schreibt Märchen, Geschichten und Romane, aber auch Theaterstücke, Hörspiele und Essays und steht schließlich auch in der Tradition eines, wenn auch anderen orientalischen Märchenerzählers. Seine Geschichten erzählen aus der (fremden) Kindheitsheimat Damaskus, wie in „Der Fliegenmelker" (1985), aber gelegentlich auch „aus der Fremde" ‚Deutschland', wie in dem Erzählband „Die Sehnsucht fährt schwarz" (1988). Neben dem Hörspiel „Der Kameltreiber von Heidelberg" (1986), das erst 2006 im Druck erscheint, bleibt dieser schmale Erzählband Schamis jedoch der einzige, der sich explizit mit den prototypischen Thematiken der Migantenliteratur als „Literatur der Betroffenheit" beschäftigt. Auf der anderen Seite steht – für arabische Migrantenautoren in Deutschland durchaus nicht untypisch - als zweites Hauptthema der arabische Orient: „Die meisten Werke, die den arabischen Orient als Thema oder Motiv bearbeiten, enthalten biographische Züge der Verfasser, und die Handlungsorte sind meistens die Herkunftsorte der Schriftsteller" (El Wardy 2003).

Auch die trifft für das Werk Rafik Schamis weitgehend zu und scheint auch für die kleine in meinem Beitrag behandelte Geschichte zu gelten. Der Ort der Handlung ist Damaskus, der Ich-Erzähler ein kleiner Junge, der an die Zeit erinnern könnte, zu der Schami als Kind dort aufgewachsen ist (was allerdings nicht heißen muss, dass der Ich-Erzähler zwangsläufig autobiographisch zu interpretieren wäre).
„Kunden aus dem Ausland"

Ich will im Folgenden einen spezifischen Aspekt in der Geschichte „Kebab ist Kultur" betrachten, das Motiv interkultureller Missverständnisse und des (mehr oder weniger scheiternden) interkulturellen Lernens, gerade nicht in einem Migrationskontext, sondern in dem scheinbar harmloseren Kontext des Tourismus, in dem es freilich auch zu nicht immer unproblematischen „Begegnung[en] von Autochtonen und Fremden“ kommen kann, wobei die Fremden aber – anders als im Migrationskontext - wir selbst sind, die wir uns unermüdlich touristisch die Welt zu erschließen und dabei vielleicht – die einen mehr, die anderen weniger - soweit in die Kultur der Autochtonen „einzudringen“ versuchen, dass wir diese zumindest ansatzweise verstehen lernen. Oder dürfen wir vielleicht auch die Hoffnung hegen, dass der Einheimische die Fremden, die touristischen „Eindringlinge“ oder, wie es im Text zunächst heißt: „Kunden aus dem Ausland“ (Schami 1989, 13) bzw. später: „Barbaren“ (ebd., 16) versteht, obwohl wir uns als Touristen ja kaum existentiellen Risiken aussetzen, die denen von Migranten vergleichbar wären. Als Touristen können wir uns, wenn uns irgendwelche Fremdheitserfahrungen zu sehr befremden, zurückziehen in ein Hotelambiente, in dem wir uns, weil es Teil einer globalisierten „Reise- oder Urlaubskultur“ bzw. –industrie ist, wieder auskennen, in dem wir als zahlende Gäste anerkannt und respektiert werden, und uns so dem Spannungsverhältnis zwischen Tradition und Moderne erst einmal wieder entziehen können.

Sei es in der Altstadt von Damaskus, auf einem Markt in China oder in Marokko kann uns freilich nicht nur harmlos Fremdartiges, Unverstandenes, sondern ggf. natürlich auch – ob zu Recht oder fälschlicherweise – als bedrohlich Erlebtes den Appetit auf unser eigens mitgebrachtes Ketchup verderben. Aber wie involviert oder „betroffen“ können wir sein, wenn wir eine schlichte Geschichte über eine einerseits seltsam anmutende, andererseits aber auch irgendwie vertraute, wenn auch offensichtlich klischeehaft überzeichnete interkulturelle Begegnungssituation lesen? Unmittelbar fühlen wir uns erst einmal gar nicht betroffen, denn wir sind keine amerikanischen Touristen, und wenn, dann nicht solche. Sollten wir uns nicht vielleicht aber doch „betroffen“ fühlen, auch wenn wir nicht tatsächlich in Damaskus herumspazieren, sondern uns, Schamis kleine Geschichte in Koblenz oder in Sevilla lesend und kommentierend, fragen, welche „Kultur“ denn „Kebab“ in dieser Geschichte repräsentieren könnte: eine Kultur, die sich offensichtlich unter keinen Umständen mit einer okzidentalen oder globalen Kultur verträgt, als dessen Inbegriff, wie wir noch sehen werden, der oder das Ket(s)chup bzw. McDonald stehen könnte.

„Kebab ist Kultur“

Aus der Erzählperspektive eines kleinen Jungen als Ich-Erzähler werden hier Probleme der interkulturellen Verständigung entfaltet, die – eher untypisch für Migrantenliteratur – sich nicht im jeweiligen Einwanderungsland manifestieren, sondern in die ferne, für den (deutschen) Leser fremde Kindheitsheimat des Autors verlagert werden, nach Damaskus, in das Land, aus dem unser Autor „emigriert“, „ausgewandert“, vor der Zensur geflohen ist, und mit dem er sich - im „Exil“ Deutschland schreibend (s.o.) – in Essays zu politischen Themen wie dem Nahostkonflikt stets kritisch auseinander gesetzt hat. Trotzdem oder gerade deshalb führen uns die ersten Geschichten, die Schami auf Deutsch schreibt, zurück in seine Heimat.

Der Inhalt der Geschichte ist in der Wiedergabe von Heidi Rösch (1992, 179) schnell erzählt:

Der Metzger Mahmud, Kebabkünstler in Damaskus, ist Protagonist in der Erzählung „Kebab ist Kultur“ und ein Unikum. Er wehrt sich mit all seiner Kraft gegen technische Neuheiten (wie eine Tiefkühltruhe) und Erleichterungen seines Berufsalltags (wie die Vorbereitung des Kebabs in Abwesenheit seiner Kunden). Er übt seinen Beruf wie zu seines

Vaters Zeiten aus und bereitet auch unbestritten den besten Kebab der Gegend zu. Trotzdem kommt die Kundschaft spärlich; sie stören sich an den höheren Preisen und am aufwendigen Zubereitungsritual. Eines Tages nun erhält Mahmud die Möglichkeit, seine ganze Kunst zu entfalten: Er bereitet amerikanischen Touristen einen erlesenen Kebab zu, lässt all seine Handgriffe von einem kleinen Jungen übersetzen, demonstriert orientalische Tischsitten. Doch als die US-Amerikaner den Ketchup zücken, schmeißt er sie raus, reißt ihnen den Kebab weg und weigert sich auch, Geld von ihnen zu anzunehmen.

Rösch (1992) betrachtet diese Erzählung interessanterweise im Zusammenhang mit einer anderen, die sich in dem Bändchen „Die Sehnsucht fährt schwarz" von 1988 findet: „Der Kummer des Beamten Müller" (Schami 1988; [11]1997, 57-62):

„Beide thematisieren die Begegnung von Autochthonen und Fremden. Die Autochthonen sind jeweils als sehr traditionsbewußt und als Opfer der modernen Zeit beschrieben. Der Beamte Müller versucht genau wie der Kebabkünstler Mahmud, sein Heim- und Hausrecht in Anspruch nehmend, die Fremden am weiteren Vordringen zu hindern. Aus dem Gesamtkontext der Handlung wird allerdings deutlich, daß sie damit auf verlorenem Posten stehen und keine Chance haben, gesellschaftliche Veränderungen, die längst Realität geworden sind, aufzuhalten. Interessant ist, daß Rafik Schami die Perspektive des jeweils Autochthonen und ironisch Porträtierten einnimmt. Er überwindet damit seine gesellschaftliche Rolle als Migrant in beiden Texten (!) und betrachtet die gesellschaftliche Situation aus der Perspektive einer anderen, ihm potentiell feindlich gesinnten Person eines Nicht-Migranten" (Rösch 1992, 180).

Dies tut er umso mehr, als die von Rösch angedeutete Ironisierung eine „Perspektive" des Ich-Erzählers erkennen lässt, die nicht identifikatorisch, sondern tendenziell distanziert erscheint. Der ironische Grundton, wie ich vorsichtiger sagen möchte, wird in „Kebab ist Kultur" noch einmal dadurch gebrochen, vielleicht auch überhöht, dass der Ich-Erzähler ein Kind ist. Wenn wir wissen, dass Kinder in der Spracherwerbsforschung als bis zu einem gewissen Alter nur begrenzt ironiefähig eingestuft werden, so müsste dementsprechend auch die Haltung des kindlichen Ich-Erzählers möglicherweise differenzierter beschrieben werden, denn schlechthin ironisch verhält sich der kindliche Ich-Erzähler nicht, zumal er sich am Schluss der Episode – eher identifikatorisch – deutlich auf eine Seite schlägt. Auch wenn Kinder zunächst noch nicht ironisch zu sein vermögen, so können sie doch „entlarvend" sein. Sie entlarven verschleiernde, kulturell tabuisierende, euphemistische, letztlich unehrliche Redeweisen der Erwachsenen, ihre doppelte Moral; sie konfrontieren und brüskieren uns ständig mit Dingen, die wir zu sagen eher vermeiden, weil man bestimmte Dinge „so" einfach nicht sagen kann, wenn sie nicht überhaupt der Kommunikation entzogen sind. Kleinere Kinder sind manchmal auf eine naive Weise ‚peinlich', während Jugendliche gerade umgekehrt uns Erwachsene gelegentlich „voll peinlich" finden und uns mit jugendsprachlicher Direktheit gezielt brüskieren.

Betrachten wir also die Rolle des Ich-Erzählers etwas genauer. Was kann der kindliche Erzähler wissen, was kann er verstehen, wie viel Distanz kann er zum Geschehen haben, um es quasi ironisierend kommentieren zu können? – Bereits im ersten Abschnitt des Textes gibt sich der Ich-Erzähler sprachkritisch, indem er reflektiert, dass sich zwar die „anderen Metzger in unserer Gegend (…) mit dieser nüchternen Berufsbezeichnung [= Metzger; B.U.B.] (begnügen), nicht aber Mahmud", der „(…) wütend auf alle Heiligen geschimpft (hätte), die einen so niederträchtigen Dummkopf, der ihn so herabsetzt, nicht gründlich bestrafen" (Schami 1989, 9). Den Laden Mahmuds, „etwa fünfhundert Meter von unserem Haus entfernt, dort wo unsere Gasse in die belebte Verkehrsstraße mündete" (ebd.), vielleicht an der Grenze zwischen Tradition und Moderne gelegen, zunächst als „kleiner Schuppen" eingeführt, als „den schönsten Laden von Damaskus" zu bezeichnen, sei, wie der Ich-Erzähler bemerkt, „nicht übertrieben" (ebd.). Wenn dieser „kleine Schuppen" nun über fast eine Druckseite im Detail beschrieben wird, wird dem erwachsenen Leser allerdings schnell klar, dass hier von einer Schönheit der etwas anderen Art die Rede ist: von einer Art von Schönheit, wie sie vielleicht eher von Kindern wahrgenommen wird, die es – auch wieder ganz unironisch - wirklich schön finden, wenn die Tür des Kühlschranks „mit Blumen-, Vögel- und Palmenbildern überklebt" ist. ‚Schönheit' erscheint plötzlich nicht mehr als raum- und zeitunabhängige, sondern als kulturell erlebte und gelebte und somit nicht mehr als identische, sondern als kulturspezifisch differente Kategorie. Ob es spezifische kulturelle Erscheinungsformen sind oder ob es nicht je individuelle Lebensentwürfe sind, die das je Eigene ausmachen, ist oft nur schwer entscheidbar. Welche komplexen Mechanismen sozialer Kontrolle oder welcher individuelle Weg sich dieser zu entziehen, um sich selbstbestimmt zu definieren, mögen unseren Metzger Mahmud in Damaskus dazu bewegen, die schlichte Berufbezeichnung Metzger so energisch zurück zu weisen und sich damit zu „brüsten", ein „Kebabkünstler" (ebd., 10) zu sein, eine Selbstattribution, die selbst der kindliche Ich-Erzähler wohl als ein wenig angeberisch einzustufen weiß.

Koch-*Kunst*

Zu der für andere Geschmäcker vielleicht eher zweifelhaften ‚Schönheit' des Ladens und des Kühlschranks passt die Rolle des Künstlers, die sich Mahmud als sein Selbstkonzept zuschreibt. So kommt ein weiteres kulturübergreifendes Konzept zum Tragen, das allerdings auch wieder in je kultur- bzw. subkulturspezifischen Formen seinen Ausdruck findet, das der Kunst bzw. des Künstlerischen. Dabei muss es nicht zwangsläufig das Produkt sein, es kann vielmehr auch ein Prozess sein, dem Kunstcharakter zugeschrieben wird. So scheint die Kunst des „Kebabkünstlers" Mahmud weniger darin zu bestehen, dass er ein Kunstprodukt schafft, sondern darin, dass er ein Ritual „zelebriert", das dem Prozess der Zubereitung eines Kebab Kunstcharakter verleiht.

So manifestiert sich in Mahmuds Zubereitung des Kebab, ebenso wie in der Speisezeremonie, genau das, was auch in unserer westlichen Kultur „Koch-Kunst" und „Ess-Kultur" ausmacht. Etwas, das wir in einer völlig anderen kulturspezifischen „Inszenierung" in den medialen Inszenierungen von Kochkunst in „Küchenschlachten" und ähnlichen halbernsten bis albernen Kochsendungen im Fernsehen wiederfinden. Hier wird der Prozess der Nahrungszubereitung medial wie kommunikativ inszeniert, aber letzten Endes doch in einer vergleichbaren Weise künstlerisch zelebriert, wie Mahmud es mit der Zubereitung seines Kebab in Damaskus tut: „vor den Augen der Kunden" (ebd.). Aber natürlich gibt es auch Unterschiede, Unterschiede, die wesentlich kulturell, z.T. auch subkultuell bedingt sein mögen, Unterschiede, die kulturspezifische, aber auch individuelle Ausprägungen von Kochkunst und Esskultur repräsentieren (vgl. Henderson 2004).

Die medienspezifische Inszenierung des Vorgangs der Nahrungszubereitung stellt eine Art prozessorientierter Ästhetisierung dar, die etwas ganz anderes leistet als Rezepte oder Kochbücher. Audiovisuell zählt nicht nur das fotografisch stilisierte Ergebnis, das Gericht auf dem Teller, sondern der gesamte Prozess seiner Entstehung, der im Kontext einer kulinarischen Gesprächskultur medial unterhaltsam darstellbar geworden ist. Demgegenüber erfährt der medial ungebrochene Prozess der Kebab-Zubereitung nicht nur eine andere kulturspezifische Inszenierung, vielmehr befinden wir uns jetzt in einer – freilich literarisch gebrochenen - realen Kommunikationssituation: Mahmuds Kommunikationspartner sind zwar auch Zuschauer bei der Kebab-Zubereitung, nicht jedoch Zuschauer bei der Kommunikation, deren Teil sie sind. In dieser Situation sind sie immer - mindestens potentielle – Kunden: Was hier kulinarisch verhandelt wird, ist direkt oder indirekt an sie adressiert. Sie selbst brauchen allerdings auch hier nicht viel mehr zur Kommunikation beizusteuern als die Fernsehzuschauer, denn: „Mahmud konnte stundenlang über seine Spezialitäten reden“ (ebd.). Er ist durch und durch Traditionalist: er verfügt weder über einen „neumodischen elektrischen Kühler“ (ebd., 9), noch über einen elektrischen Fleischwolf, mit dem seine Konkurrenten „die Seele des Fleisches zermalmen“. So wie er sich selbst als „Kebabkünstler“ „brüstet“, „höhnt(e)“ er umgekehrt „über die anderen Fleischdrescher, die, wenn es um ihre Mägen ging, bei ihm den Kebab kauften“ (ebd., 11). Seine Stellung als Kebabkünstler ist offensichtlich über jeden Zweifel erhaben und so schickt auch der Vater des Ich-Erzählers, der Mahmud oft lobte, „er sei der beste Metzger der Welt“ (ebd.), zumindest wenn Besuch von der hochnäsigen reichen Tante kommt, zu Mahmud: „dann mahnte er meine Mutter, nicht auf den Lira zu achten, sondern auf eine Blamage vor den Gästen“ (ebd.)

Worauf die unbestrittene Qualität des Kebab eigentlich beruhte, bleibt ein Geheimnis, die Zubereitung letztlich ein „Zauber“: So „(glich) die Zubereitung (…) einer Zeremonie, einem Zauber eher als dem bloßen Hacken von Fleisch“ und beim Würzen mit einer wiederum „geheimnisvollen Mischung“ murmelte Mahmud „leise vor sich hin, als würde er einen Zauberspruch für den Kebab sprechen“. Gleichwohl ist die tendenzielle Desillusionierung, die Entlarvung, ein klein wenig pseudo-kindliche ironische Distanz, immer präsent: Die (aufgeklärten oder sparsamen) Nachbarn „sparten lieber ein paar Groschen und pfiffen dafür auf die Seele des Fleisches“ (ebd., 10) und manche argwöhnten gar, „daß er mit etwas Paprika einen Zauber vorschwindelte“ (ebd., 11).

Wie in einer etwas zu lang geratenen Exposition wird zunächst der Protagonist Mahmud über mehrere Seiten nicht nur aus der Erzählperspektive des Ich-Erzählers, sondern auch aus anderen, vom Ich-Erzähler quasi ‚allwissend’ referierten Perspektiven charakterisiert, mit Stärken und Schwächen, jedoch mit dem Fazit: „Ansonsten störte Mahmud keine Menschenseele, er war äußerst gutmütig“ (ebd., 12). Hätte er dann nicht mit dem Verhalten einer Gruppe amerikanischer Touristen, wenn nicht „gutmütig“, so doch vielleicht etwas gelassener umgehen können? Warum „(kam es) eines Tages (…) wie es kommen mußte“ (ebd.)? Worauf will uns der Ich-Erzähler hier mit dem ersten Satz der nun eigentlich erst beginnenden und sich schnell steigernden Handlung vorbereiten? Ich nehme meine Interpretation vorweg: auf das Scheitern eines interkulturellen Kommunikationsversuches.

Die interkulturelle Begegnung

Vor den Augen des Ich-Erzählers („Schon von weitem sah ich ihn mit einigen auffällig gekleideten Touristen vor seinem Laden stehen“ (ebd.)) entwickelt sich eine zunächst eher unproblematische Kommunikation zwischen Mahmud und einer Gruppe wohl amerikanischer Touristen, die in Aussehen und Auftreten jetzt derartig klischeehaft beschrieben werden, dass es wie eine Karikatur wirkt („Die drei Männer sahen aus wie Schießbudenfiguren, [..]“ oder: „Die Frau sah aus, als wäre sie in einem Farbtopf gefallen, so war sie im Gesicht angeschmiert, und um den Hals hatte sie eine Brille mit länglichen Gläsern hängen, die an der Seite und dem Bügel mit Straß besetzt waren.“). Aber sie ist von Anfang an genauso ambivalent, wie das Verhältnis von Einheimischen und Fremden letztlich ambivalent ist. Dies umso mehr, als auch diese Kommunikation Zuschauer hat, zum einen die (einheimischen) Nachbarn, die wohl von Anfang an darauf spekulieren, die Kommunikation bzw. unser nicht nur gutmütige, sondern wohl auch eitle Kebabkünstler Mahmud könne an der interkulturellen Herausforderung scheitern; zum anderen die Touristen und ihr drittes Auge, der Fotoapparat: „Sie fotografierten Mahmud […]. Dann winkte ihm einer der Männer zu, daß er sich zwischen die beiden anderen stellen sollte. Sie lachten und die Frau knipste einige Male […]“ (ebd.). Eine prototypisch anmutende erste Begegnungssituation zwischen Einheimischen und Fremden, wie wir sie nicht nur aus ethnologischen Kontexten kennen. Auch in unseren Urlaubsfotos finden wir bald ähnliche Aufnahmen, die wir beim gemeinsamen Betrachten natürlich selbstkritisch durchschauen und auch entsprechend kommentieren. Vielleicht reduzieren sich unsere Kommunikationsmöglichkeiten ja manchmal tatsächlich darauf, dass wir stumm nebeneinanderstehen und uns lächelnd zusammen fotografieren lassen. Wir signalisieren den Einheimischen und sie uns, wenn sie das Fotografier-Spielchen mitspielen, das wir uns nicht feindlich gesinnt sind (jedenfalls solange nicht irgendwo aus irgendeinem politischen, sozialen oder kulturellen Grund das Fotografieren verboten ist oder als unpassend empfunden wird, gelegentlich wohl auch bezahlt werden muss).

Tatsächlich sind derartige interkulturellen Begegnungssituationen manchmal weitaus komplizierter, als sich das der amerikanische oder deutsche Durchschnittstourist vorzustellen vermag: „Man spricht Englisch“, oder erwartet so wie die Deutschen auf Mallorca, dass Deutsch gesprochen wird. Erst fotografieren, dann kommunizieren: Am Anfang steht das mehr oder weniger exotisch anmutende Foto, auf dem wir Distanz und Nähe zugleich demonstrieren können: Wir sind uns völlig fremd und stehen nebeneinander wie alte Freunde – so schnell geht das, und nicht nur in Amerika… Die Begeisterung erscheint echt: „Oh, how wonderful, just wonderful“ (ebd.). Unserem Mahmud ist dabei zunächst offenbar nicht ganz wohl in seiner Haut: „Verlegen“ zupft er „an seinem sauberen weißen Kittel. Nicht stolz, wie ich vermutet hatte, sondern unsicher schaute er auf die beiden Nachbarn, die an den Türen ihrer kleinen Geschäfte standen und sich über ihn lustig machten“ (ebd., 13). Offensichtlich sind es für Mahmud eher die anderen Einheimischen als die Touristen, die ihn unsicher machen, wenn z.B. der Friseur lästert: „Sie brauchen sein Foto, um ihre Kinder zu erschrecken!“ (ebd.).

Seine Sicherheit findet der zunächst „scheue“ Mann, der vor dem weiteren Fotografiert-Werden ebenso wie vor den nachbarlichen Lästermäulern in seinen Laden „flüchtete“, erst im Inneren seines Ladens wieder, dort wo er ganz und gar zuhause ist, in seiner „Höhle“ möchte man fast sagen, dort wo die neue Rollenverteilung ihn aus der Rolle des Fotoobjekts erlöst und er wieder der Kebabkünstler ist, dessen Aktivität als handelndes Subjekt jetzt gefragt ist: „Er verlor jede Scheu und rief laut: ‚Vier Portionen Kebab!‘ […]“ und lässt den Ich-Erzähler mit seiner Bestellung erst einmal warten: „Du siehst doch, ich habe Kunden aus dem Ausland! Sie werden überall berichten, daß Mahmud der beste Kebabkünstler ist!" (ebd.) – Es geht um die Ehre!

Während in der Fernsehkochschau entspannt gewitzelt wird, ist es Mahmud ernst, er verrichtet jeden Handgriff gründlicher als nötig, arbeitet sozusagen im Schweiße seines Angesichts, erklärt den Touristen aber auch, was er jeweils macht, welches geheimnisvolle indische Gewürz er verwendet usw. Und der kindliche Ich-Erzähler in der uns aus Migrationskontexten vertrauten Rolle des Zweisprachigen übersetzt - so gut wie möglich: „'Zum Ausruhen!' sagte er zu mir, und ich brach mir fast die Zunge, um den Touristen zu erklären, warum das Fleisch sich ausruhen soll" (ebd., 14). Auch zu verstehen und zu erklären, dass das *–ful* in engl. *wonderful* nicht wie arabisch *Ful* ‚Saubohnen' bedeutet, bleibt dem kindlichen Ich-Erzähler in der Rolle des Übersetzers vorbehalten. Das erzählende Kind kann jetzt den über fünfzigjährigen Mahmud beruhigen, indem es korrekt zu übersetzen versteht. Nachdem die Vorspeise – Oliven, Erdnüsse und Schnaps - verzehrt ist, wird der Kebab serviert, die Touristen sind begeistert. Aber jetzt steuert alles ganz schnell auf eine eigentlich völlig harmlose Katastrophe zu: „Die Frau jubelte immer wieder ‚wonderful' und ‚very good' und kramte laut schnatternd in ihrer Handtasche herum, dann verteilte sie kleine Plastiktütchen" (ebd., 15) – und Sie können sich vorstellen, was die Plastiktütchen enthielten: „ ‚Ketchup' strahlten ihn die Leute an" (ebd.)

Mahmud aber wirft die Touristen raus, will sich nicht einmal die Vorspeise bezahlen lassen: „Von denen nehm' ich doch kein Geld! Diese Barbaren […]" (ebd., 16). Die Pointe gibt sich belehrend und erinnert an den Stil einer Fabel. Der Friseur nimmt die verschreckten Touristen in Schutz: „So behandelt man doch zivilisierte Menschen nicht", Mahmud kontert: „Zivilisiert, sagst du? Sie sind bloß reich, aber von

Kultur haben sie keine Ahnung. Sie wollten den Kebab mit Plastikbrei fressen“ (ebd.).

Schon damit bliebe genügend Diskussionsstoff für die Leser: Was heißt hier Kultur? Wie wird hier welche ‚Zivilisation' gegen die ‚Barbaren' verteidigt? Woran entzündet sich der Konflikt zwischen dem einheimischen Metzger und den fremden Touristen? Ist er vielleicht, wie schon angedeutet, gar nicht so prototypisch, wie es uns auf den ersten Blick scheint. Reproduziert der Text hier nur eine Klischeevorstellung interkultureller Begegnungen, die in der Regel beileibe nicht so ‚dramatisch' verlaufen, wie es hier den Anschein hat. Ist es nicht dieser eine Metzger in Damaskus, der an seiner Selbststilisierung als Künstler scheitert, der zu traditionalistisch verbohrt ist, um die in dieser Situation sich manifestierenden Ambiguitäten oder Ambivalenzen erst einmal zu tolerieren, um sie dann erst in einem zweiten Schritt vielleicht einer kreativen Lösung zuzuführen, wie man es von einem Künstler erwarten könnte? – So fängt man plötzlich an, nicht mehr „pro Mahmud, contra McDonald“ zu argumentieren, sondern die Geschichte gegen den Strich zu lesen, z.B. so dass Mahmud anfängt, uns ein bisschen leid zu tun, und wir so etwas wie Empathie zu empfinden beginnen. Aber auch die Touristen können einem leid tun, haben sie sich doch im Großen und Ganzen einigermaßen ordentlich benommen, auch wenn ihre Kleidung wohl nicht gerade der Landessitte entsprochen haben dürfte. Was mir eigentlich immer am meisten leid tut, sind die unnötigen Missverständnis, die mit ein bisschen Toleranz – und mit ein bisschen mehr Kommunikation meistens doch schnell aus der Welt zu schaffen gewesen wären.

Mit anderen Worten: Ist nicht der Rausschmiss der Touristen der Skandal und nicht das Benehmen der Touristen? – Wenn wir jetzt noch einmal in den Text schauen, dann sehen wir, dass die Geschichte noch nicht ganz zu Ende ist. Es gibt noch eine Art „Abgesang“, die eine Verschiebung des Konflikts – wenn man so will zwischen Tradition und Moderne – andeutet. Nicht der Konflikt zwischen den Touristen, sondern der zwischen zwei Einheimischen über den richtigen Umgang mit Touristen bestimmt die abschließende Dialogsequenz. Der (christliche) Friseur gibt sich weltgewandt: „Tja, andere Länder, andere Sitten!“ und noch einmal kontert der traditionsbewusste Mahmud: „Ja, Mann, das hier ist aber unser Land!“ und „der Friseur sagte herablassend: ‚Was verstehst du schon!’ und zog sich in seinen Laden zurück“ (ebd., 16). Mahmud scheint dem, was er wohl als ‚Niederlage’ interpretieren muss, nicht mehr gewachsen. Er wendet sich schließlich an den kindlichen Ich-Erzähler „mit traurigem Gesicht“ – und da ist wieder unsere Empathie mit den Unterlegenen, Mahmud ist kein Sieger und das macht ihn dann doch wieder sympathischer als den eher arrogant wirkenden, wenn auch weltgewandt erscheinenden Friseur, mit dem der Ich-Erzähler im letzten Satz des Textes noch einmal definitiv abrechnet: „Diesen Wassersäufer aber, den laß ich nie wieder an meine Haare ran!“ (ebd.).

Aber in einem sind sich die beiden Kontrahenten dann letztlich doch einig: Es kommt ihnen beiden auf das Bild an, dass andere von ihnen haben bzw. haben sollen. Mahmud setzt sich vor den „Kunden aus dem Ausland“ in Szene, damit sie „überall berichten, daß Mahmud der beste Kebabkünstler ist“ und der namenlose Friseur sinniert nach dem Rausschmiss der Touristen, was diese jetzt wohl „über uns sagen“ (ebd.: 16). Und wenn wir vom Schluss her noch einmal auf das bereits genannte Motto am Anfang des Textes blicken, so bezieht darin wohl der Autor selbst Position: „pro Mahmud – contra McDonald“.

Der Ketchup symbolisiert die weltumspannende McDonald-Kultur, der wir aber nicht von vornherein das Prädikat ‚Kultur' absprechen müssen, während wir es dem Kebab zusprechen. Kann es ‚Kultur' nicht auch weltumspannend geben, worin ist ihr die Regionalkultur überlegen? Rein kulinarisch betrachtet, ist ein schlichter Kebab vielleicht nicht allzu weit vom kulinarischen Niveau eines Hamburgers entfernt. Warum also ist ‚Kebab' Kultur, McDonald aber nicht?

Sind es demnach nicht auch hier, in unserer kleinen, eigentlich harmlosen Geschichte, normative Setzungen, chauvinistische Überlegenheitsansprüche, nationalistische Denkweisen („Leitkultur"), falsch verstandene Selbstbehauptungsrituale, die interkulturelles Lernen letztendlich verhindern, und dann ein Satz wie dieser: „ Das hier ist aber unser Land!" Ein Satz, der mir deshalb so deplatziert erscheint, weil er Teil eines anderen Diskurses ist, der sich mal mehr, mal weniger deutlich wahrnehmbar in den rechten Szenen nicht nur in Deutschland fortzeugt: Teil des „Ausländer raus – Diskurses". - Der Text von Rafik Schami ist schwierig, er bleibt an vielen Stellen ambivalent, wie das Verhältnis von Einheimischen und Fremden, wie menschliche Beziehungen überhaupt. Und eben deshalb ist er mehr als eine kleine Geschichte und alles andere als „Gastarbeiterliteratur".

(Erstveröffentlichung in: *Estudios Filológicos Alemanes. Revista del Grupo de Investigación Filología Alemana.* Vol. 20. Sevilla 2010, 485-496)

6 Was ist trivial?

Lieblich oder trocken

Nicht nur daran, dass fachmännisch eher von einer „Verkostung“ als von einer „Weinprobe“ die Rede ist, erkennt man den Weinkenner, so dachte ich, als ich vor geraumer Zeit einmal an einer Weinprobe teilnahm, sondern auch daran, dass er den trockenen Wein wählt und die eher milden oder lieblichen Weine von Mavrodaphne bis Amselfelder den Damen überlässt, die den trocken ausgebauten Wein doch eher als ‚sauer' empfinden (was er gelegentlich ja tatsächlich ist). Wie also soll, wenn wir die Wahl unter normativen Vorzeichen betrachten, (guter) Wein gemacht bzw. ausgebaut werden: trocken oder lieblich? Oder so, wie es der (gute?) Geschmack verlangt? Oder so, wie das, was das Weinmarketing als den derzeit vorherrschenden Geschmackstrend ermittelt. Wein – auch guter Wein – muss sich verkaufen, sonst lohnt sich die Mühe nicht, egal, wie man ihn nun ausbaut. Und die Mühe - das versteht man bei einem Spaziergang durch die Hänge des Bopparder Hamm selbst als ein eher auf Hopfen und Malz bezogener Sauerländer sofort – ist erheblich. Anbau, Lese und Ausbau, Arbeit im Hang, Arbeit im Keller, im Weingut erfordern Zeit und Kraft vieler Arbeitskräfte, die nicht gerade billiger werden, wenn die polnischen Wanderarbeiter wegbleiben. So wird auch der Wein kaum billiger werden, denkt man und ist wieder einmal überrascht, wenn er dann in den Discountmärkten billiger ist als direkt vom Erzeuger. Ist es schlechtere Qualität oder liegt es an der Abnahmemenge? – Verkauft sich schlechterer Wein vielleicht besser (oder liegt es eher am Preis)?

Dann wieder wundert man sich, dass der vermeintlich minderwertige, weil billig süße Wein sich ganz schön edel und entsprechend teuer präsentieren kann: als Beerenauslese oder Eiswein im kleineren 0,5-Liter-Fläschchen. Und dann ist auch das Prädikat „süß“ oder „mild“ (oder „fruchtsüß“, das neben „feinherb“ durchaus auf der Winzerkarte zu finden ist; nicht aber: „lieblich“!) zur Beschreibung der Geschmacksrichtung durchaus akzeptabel: „2007 EISWEIN, RHEINHESSEN, PRÄDIKATSWEIN SÜSS“. Da hätte ich doch mindestens „fruchtig“ oder „edelsüß“ erwartet. Wie auch immer. Inzwischen brauchen sich auch die Weinkenner nicht mehr zu scheuen - ob sie nun von einfachen trockenen zu guten trockenen vorangeschritten sind oder auch noch halbtrockene und liebliche Weine verkostet wurden - sich zum Abschluss der Weinprobe, ein Gläschen süße Beerenauslese zu genehmigen: „Genießen Sie Ihn (sic!) als Aperitif oder Digestif, zum Dessert oder zu ausgesuchten Käsesorten“. Auch die einfachen kulinarischen Dinge des Lebens halten also noch Überraschungen bereit: Dessertwein als Hochgenuss, fern jeglicher Diskriminierung ob seiner unanständigen Süße. Soll im UNESCO Weltkulturerbe Oberes Mittelrheintal nun Malaga oder Porto erzeugt werden? Und was macht man dann in Andalusien? Dort wurde ich kürzlich tatsächlich ein wenig anders überrascht, als am Hotel-Buffet nicht ein Cava, sondern ein trockener Rotwein ausgeschenkt wurde: zum Frühstück! - Ein Angebot, das wohl überwiegend die männlichen Gäste wahrnehmen, dann aber den weiblichen Gästen diskret ihr leeres Rotweinglas über den Frühstückstisch schieben, Frauen aber, „die Prosecco trinken“ dieses ebenso diskret wieder zurückschieben. Ist das alles nicht ebenso dem Trivialitätsverdacht ausgeliefert wie „Schokolade zum Frühstück“? Macht letztlich auch das Hotelmanagement keine Punkte mehr, wenn es zum Frühstück diskret auf den Hauswein des Hotels aufmerksam zu machen versucht, weil irgendwann irgendwo irgendwie alles schon einmal dagewesen ist?

Oder haben wir es nicht auch in der schlichten Wiederholung mit Kunst zu tun, weil auch die Wiederkehr des ewig Gleichen eine Spur von Irritation in sich birgt? Ist es Kunst, weil das scheinbar Identische sich doch auf subtilere Weise als different erweist? Oder vielleicht weil es „Anschlusskommunikation“ als (wenn auch mehr oder weniger triviale) Form „literarischer Geselligkeit“ ermöglicht? – „Schau“, sage ich zu meiner Lebensgefährtin, „gleich schiebt er wieder das leere Rotweinglas zu seiner Frau“. Wir schauen so gespannt wie unauffällig hinüber und nichts geschieht: Unsere Erwartung wird enttäuscht; aber löst sich damit schon der Trivialitätsverdacht auf? Am Nachmittag treffen wir das Paar an der Poolbar: „Haben Sie’s bemerkt, seit 2 Tagen gibt es am Frühstücksbuffet Rotwein!“- „Ja, schmeckt nicht schlecht, es ist der Hauswein des Hotels.“ – „Haben Sie ihn auch probiert?“ - „Ja, mein Mann, und dann hat er mir das leere Glas rübergeschoben.“ - „Aber heute war es anders? – „Ja, ich habe ihm gestern gesagt, das machst Du nicht noch einmal…“. Alle lachen. Nur einmal, keine Wiederholung, einzigartig! Unsere Trivialitätserwartung als Wiederholungserwartung enttäuscht, das Puzzle geht nicht mehr auf. Warum lachen wir? Weil wir es wissen.

Wertung

Wie schwer ist es, einen Trivialroman zu schreiben oder – wenn wir anstatt von Qualität schlicht von Quantität sprechen – wie lange dauert es, 600 oder 700 Druckseiten zu schreiben? Das macht man nicht so einfach nebenbei oder in einem halben Jahr. Vielleicht auch nicht allein? Wo sind die Schreibwerkstätten jener „elenden Scribenten“, die sich heimlich ein Sklavenheer von Ghostwritern leisten? – Wenn ich daran denke, wie lange ich brauche, um 100 Seiten zu schreiben, wäre es tröstlich, wenn Quantität und Qualität sich wechselseitig bedingten, je kürzer, desto besser, je länger, desto trivialer. Das gilt allerdings nicht einmal im Hinblick auf die Verständlichkeit eines Textes und auch die Gleichung ‚kurz‘ gleich ‚relevant’ und ‚lang’ gleich ‚redundant’ geht nicht immer auf, zumal Redundanzen durchaus einer kommunikativen Notwendigkeit Rechnung tragen.

Auch mit der Frage „Was ist trivial?“ können wir es uns offensichtlich nicht so einfach machen. Zu entscheiden, wo die Grenze zwischen ‚lang’ und ‚kurz’ zu ziehen und wann ‚kurz’ besser als ‚lang’ ist (oder umgekehrt), mag ja schon schwierig genug sein, aber sollte unsere Frage – wie beim Wein - nicht eher die sein, was „gut“, bzw. was „schlecht“ ist? Ist die Frage, was „trivial“ ist, nicht eine Frage kategorialer literarischer Wertung, ist es nicht die Frage, wo letztlich (generell, wie auch in jedem Einzelfall) die Grenze zwischen Künstlerischem und Nichtkünstlerischem verläuft, vielleicht auch, wo sie verlaufen soll. Dann wäre eine solche Grenze eine, die wir aufgrund einer (literarischen) Wertung ziehen, d.h. eine, die genau dort verläuft, wo wir es wollen. Natürlich entledigen wir uns mit einer derartigen Setzung, indem wir „normativ“ anstatt „deskriptiv“ verfahren, nicht einfach des wissenschaftlichen Habitus.

Trotz aller neueren poststrukturalistischen oder subjektivistischen Tendenzen können wir uns der Tradition des aufklärerischen Diskurses noch nicht ganz entziehen. Und „im Zeichen der Aufklärung“ (Gadamer 1965, 171) besitzt eben auch im Kontext der Auslegung von Texten nicht mehr allein die Autorität des Lehrers Beweiskraft, sondern der Schüler kann, wie bereits Chladenius (1742, § 649) bemerkt, durchaus einen „Beweis des wahren Verstandes“ einer Stelle, eine „Rechtfertigung der Auslegung“ einfordern. Der Ausleger muss also ggf. für seine Auslegung zu argumentieren verstehen, er muss in der Lage sein, „den Verstand einer Stelle so vorzutragen, dass derselbe [der Schüler; B.U.B.] eben wie er [der Ausleger; B.U.B.], die Nothwendigkeit einsiehet, den Verstand, den er angiebt, vor den richtigen zu halten“ (ebd.).

Ein solches Argumentationsgebot gilt demnach wohl gerade für ausgesprochen normativ wertende Unterscheidungen, die wir sie beispielsweise mit einer Unterscheidung wie der von ‚künstlerisch' vs. ‚nicht-künstlerisch' oder ‚nicht-trivial' vs. ‚trivial' als eine strikte Dichotomisierung unseres Gegenstandsfeldes einführen. Wenn auch und gerade normative Setzungen der Begründung bedürfen, dann können sie sich auch nicht grundsätzlich der Begründbarkeit entziehen, selbst wenn unterschiedliche Deutungen gelegentlich durchaus gleichermaßen plausibel begründet, aber eben begründet, erscheinen. Die Grenze der Wissenschaftlichkeit verläuft nicht zwischen erklärenden und verstehenden Wissenschaften, sondern zwischen deduktiven und abduktiv-induktiven Schlussverfahren, wobei letzteren im Sinne der Peirce'schen Abduktionslogik das gleiche divinatorische Moment des ‚Ratens' („divining“, „guessing“; Peirce 1965, 5.173) eignet, wie jenem „kühnen Entwurf“, aufgrund dessen F. Schleiermacher den Prozess des Verstehens als „kunstmäßig“, d.h. als nicht auf eine schlichte Technik reduzierbar charakterisieren kann (Schleiermacher 1838; 1977, 81).

So mag man gewiss auch gute Gründe dafür anführen können, dass auch das Nichtkünstlerische in einem gewissen Sinn „gut“, für diesen oder jenen Zweck vielleicht sogar „besser“, brauchbarer, nützlicher sein als das Künstlerische, dessen Sinn sich möglicherweise eher in seiner Zweck-Losigkeit als in einem eher pragmatischen Brauchbarkeitsdiskurs zu erschließen vermag? Wo aber wäre dann die Grenze zu ziehen zwischen schlechten Kunst- und guten Gebrauchsgegenständen? Je nachdem, welche Kriterien wir jeweils zugrunde legen und welche Interessen wir verfolgen, wird die

Grenzziehung anders aussehen; aber auch mehr oder weniger objektiv beschreibbare Merkmale des einen wie des anderen Gegenstandes weisen diesen nicht per se als künstlerisch oder als nicht-künstlerisch aus. Wie objektiv auffindbar oder deskriptiv ausweisbar solche Merkmale auch sein mögen, wenn sie eine wie auch immer geartete Wertung begründen sollen, werden sie normativ interpretiert, sie sprechen nicht nur (deskriptiv) für sich selbst, sondern weisen über sich hinaus auf etwas anderes, etwas Normatives, das als deskriptiv begründbar erwiesen werden soll.

Das Dilemma scheint anders nicht lösbar. Wenn Wissenschaft ‚deskriptiv' zu sein hat (was seinerseits paradoxerweise eine normative Forderung ist!), dann müssen normative Entscheidungen oder Setzungen, solange sie Teil des wissenschaftlichen Diskurses bleiben wollen, begründbar, argumentativ plausibilisierbar sein. Andererseits ist nicht auszumachen, wie das gehen soll: normative Setzungen deskriptiv, d.h. ohne Bezug auf wiederum andere Normen zu begründen. Vielleicht landen wir dann irgendwann doch in einer Wertediskussion, die soweit unhintergehbarer Teil eines gesellschaftlich-kulturellen Konsenses zu sein beanspruchen kann, dass sie sich (letztlich auch wieder nur zirkulären) Letztbegründungsansprüchen erfolgreich zu widersetzen vermag.

Gelangen wir nicht auch mit Versuchen, nicht nur in ethisch-moralischen Kategorien ‚gut' und ‚böse', sondern in ästhetischen Kategorien ‚künstlerisch (wertvoll)' und ‚nicht-künstlerisch' bzw. ‚weniger wertvoll' zu unterscheiden, also mit dem Versuch einer Grenzziehung, schließlich nicht selbst an eine Grenze: an die Grenze der Wissenschaftlichkeit – und ins Herz der Geistes- und Sozialwissenschaften, die sich mit der Kategorie der Begründbarkeit (besser: der inter- oder transsubjektiven Plausibilisierbarkeit) als ‚verstehende

Wissenschaften' historisch erfolgreich vom kausalistischen Erklärungsmodell der ‚erklärenden' Naturwissenschaften abgelöst zu haben scheint. Der in den 60-er Jahren des 20. Jahrhunderts in der deutschen Soziologie entfachte Methoden- oder Positivismusstreit bedarf allerdings keiner Neuauflage. Dennoch bedarf es immer wieder der Klärung von scheinbaren Selbstverständlichkeiten und Begrifflichkeiten, die uns glauben machen, die wesentlichen Probleme seien gelöst, weil wir sie sozusagen kategorial ‚im (Be)griff' zu haben glauben, während sie sich tatsächlich dem kategorialen Zugriff immer wieder entziehen.

Wenn wir mit der Behandlung von Wertungsfragen auch an die Grenzen des Wissenschaftlichkeitsanspruches stoßen, müssen wir uns dennoch weder außerhalb des wissenschaftlichen Diskurses positionieren, noch müssen wir ständig zu rechtfertigen versuchen, was wir als Germanisten tun. Insbesondere die Germanistik scheint mindestens seit den 68-er Jahren von permanenten Selbstzweifeln geradezu getrieben und befleißigt sich, auf jedem dritten oder vierten Germanistentag mit neu inszenierten Legitimitätsbeteuerungen die Aufmerksamkeit einer nicht nur literarischen Öffentlichkeit auf sich zu ziehen, während die traditionelle literaturwissenschaftlich-philologische Germanistik kaum von derartigen Selbstzweifeln geplagt war. Sie hatte, wie mir scheint, die Frage nach der Wissenschaftlichkeit, die sich in der Regel in der Frage nach einer theoretisch-methodisch nachvollziehbaren Gegenstandskonstitution, wie nach der methodischen Betrachtung, Analyse oder Beschreibung (wenn nicht Erklärung im kritisch-rationalistischen Paradigma) des Gegenstandes konkretisiert, zum Teil wohl in den Gegenstand selbst verlagert, indem bestimmte Gegenstände, Texte, als der wissenschaftlichen Erforschung mehr oder weniger würdig hypostasiert wurden. Während wir eine solche „Würde" des Gegenstandes heutzutage kaum mehr als Voraussetzung anerkennen können, ihn einer wissenschaftlichen Betrachtung zu unterziehen, schien doch die Grenze zwischen den der germanistischen Zuwendung „würdigen“ und den einer solchen Zuwendung eher „unwürdigen“ Gegenständen bis in die 60-er Jahre des 20. Jahrhunderts als Grenze zwischen den zu einem im literaturgeschichtlichen Diskurs konsolidierten Kanon gehörenden Autoren bzw. Texten und einer als Unterhaltungsliteratur eingestuften Gruppe von Texten deutlich gezogen werden zu können. Dies freilich war, wie oben diskutiert, zwar nur aufgrund einer normativen Setzung möglich, die jedoch, wenn auch durchaus als solche wahrgenommen, der kritischen Diskussion entzogen blieb, wäre damit doch nicht nur die Unterhaltungs- oder Trivialliteratur zur Diskussion, sondern letztlich auch der Kanon zur Disposition gestellt worden.

Innerhalb eines Diskurses scheint es in gewisser Weise „üblich“ zu sein, bestimmte Grundfragen nicht immer wieder aufs Neue zu problematisieren, sondern diese durch verschiedene quasi-autoritäre Mechanismen sozialer Kontrolle letztlich der Diskussion soweit zu entziehen, dass man sie nicht mehr in Zweifel zu ziehen wagt, solange man Teil des Diskurses bleiben möchte. Solche Grundüberzeugungen sind dann, wenn überhaupt, nicht mehr innerhalb eines Diskurses diskutierbar oder gar modifizierbar, weil damit an etwas gerührt würde, was argumentativ nur noch schwer zugänglich und damit wissenschaftlich kaum noch begründbar wäre. Selbst wenn hier die Grenze zwischen Wissenschaft und Ideologie berührt zu werden scheint, sind wir eben doch ziemlich sicher, dass wir bestimmte Fragen nicht mehr diskutieren müssen oder nicht wollen oder nicht können, weil uns – außer den „guten Gründen“, die wir gewiss anführen können – bald die Gründe ausgehen werden und wir uns schließlich doch, mal aggressiv-überheblich, mal eher kleinlaut, der Diskussion zu entziehen versuchen, wie wir es schon früh in unseren Reaktionen auf die bohrenden Warum-Fragen unserer Kinder zu praktizieren gelernt haben. Irgendwann müssen wir allerdings in der Tat aufhören zu diskutieren, Gründe abzuwägen, wenn wir nämlich entscheiden und handeln müssen, und das meistens, ohne all die Bedingungen zu kennen, deren Kenntnis es uns erst ermöglichen würde, rational zu handeln. Gleichwohl handeln wir deshalb – wohlgemerkt – nicht irrational.

Wollen wir den ideologischen Charakter eines Diskurses aufdecken, können wir dies gewissermaßen nur von außerhalb, d.h. von einer Position außerhalb des betreffenden Diskurses bzw. innerhalb eines anderen Diskurses tun. In einem Diskurs über Qualitätsmerkmale von Texten kann ich mich wohl schlecht rühmen, schlechte Literatur zu produzieren. Das kann ich nur in einem anderen Diskurs, vielleicht in einem über den Publikumserfolg von Literatur. Und dabei nehme ich implizit oder explizit, vielleicht auch ironisierend, Bezug auf jenen anderen Diskurs, an dem zu partizipieren ich nicht mehr nötig habe, weil mir die Teilhabe an diesem neuen Diskurs ungleich mehr, wenn auch Anderes bietet bzw. zumindest zu bieten verspricht. In diesem Sinn verstehe ich folgende an Heinz Konsalik adressierte Äußerung: „Lieber Heinz, wenn Dir jemand sagt, Du seist ein Trivialschriftsteller, wirf Dich in die Brust und sage: ‚Gott sei Dank'!" (Hans Gustl Kernmayr; zit. nach Bialek 2005, 27). Hier wird offensichtlich ein Diskurszusammenhang unterstellt, in dem es eher als Vorwurf verstanden werden müsste, ein Trivialschriftsteller zu sein. Und ganz im Gegensatz zu diesem implizierten Vorwurf eröffne ich einen anderen Diskurszusammenhang, in dem es als Lob verstanden werden kann, ein Trivialschriftsteller zu sein. Und genau dann, wenn wir unseren vertrauten Diskurs, an dem wir aktiv oder passiv seit Jahrzehnten partizipieren, verlassen, wenn wir – radikaler gesprochen – die Teilhabe an diesem Diskurs aufkündigen, weil wir seine ideologische Basis freigelegt zu haben glauben, dann vermag sich selbst die illokutive Kraft unserer Sprechakte umzukehren, charakteristischerweise solcher Sprechakte, die einen normativen Bezug voraussetzen: Ohne dass ich weiß, was der Sprecher für ‚gut' oder ‚schlecht' hält, weiß ich nicht, ob er mich mit seiner Äußerung loben oder tadeln möchte. Dabei müssen wir gar nicht spekulieren, warum sich Heinz „in die Brust werfen" soll, wenn man ihn als „Trivialschriftsteller" etikettiert, der sprachliche Handlungszusammenhang lässt uns wissen, dass hier ein Lob und kein Tadel ausgesprochen werden soll.

Geschmacksurteile

Spekulieren mag man aber zumindest soviel, dass unter einem anderen System von Bezugsnormen Trivialliteratur keineswegs schlechte Literatur zu sein braucht, und dass sie – so oder so – selbstverständlich zum legitimen Gegenstand wissenschaftlich-germanistischer Forschung werden kann. Und Letzteres nicht nur, um das Minderwertige in einem ersten wissenschaftlichen Schritt analytisch nachvollziehbar zu identifizieren, um es dann in einem zweiten pädagogischen Schritt dem jugendlichen Zugriff zu entziehen, zu indizieren oder auf irgendeinem Wege schlicht aus dem Verkehr zu ziehen. Wir können so bieder oder auch im Übereifer, wie ich es einmal bei einem meiner Söhne erleben musste, das Minderwertige aus dem Verkehr zu ziehen versuchen, dass wir es nicht mehr dem Geschmack des Publikums überlassen wollen, was es kaufen und wahrscheinlich auch lesen will, sondern für das Publikum entscheidend unseren eigenen Geschmack normativ überhöhen, ihn zu mehr zu machen versuchen, als dem, was unseren (!) momentanen Ansichten von dem, was ‚gute Literatur' ist, entspricht. Ich kann keine Bücher verbrennen, nicht einmal meine eigenen oder die, die ich wirklich lästig oder ärgerlich finde. Ich bin kein Literaturpapst und auch Reich-Ranitzky ist keiner (gewesen). Wir können wie B. Brecht mit der gebotenen Vorsicht „Vorschläge" machen – und mehr können auch Reich-Ranitzky und andere Quartettspieler nicht, auch wenn sie sich dabei mehr oder weniger ereifern. Wenn sich über Geschmack nicht oder eben besonders trefflich streiten lässt, dann gilt dies ebenso für Fragen der ‚literarischen Qualität'. Was ist schon trivial? Worum beneiden wir den Trivialschriftsteller heimlich vielleicht doch? Um den Verkaufserfolg? Warum sollte er auf den Publikumserfolg nicht stolz sein dürfen? – Weil er das Publikum für dumm verkauft, es ausbeutet, nicht bildet, sondern schlicht, ja, schlicht, unterhält? Wenn er das tut, wie tut er es? Welches sind denn seine Erfolgsrezepte, wie wird denn die Story entwickelt, entfaltet, verwickelt und – meistens in Wohlgefallen, oh, happy end – aufgelöst? Literaturwissenschaftlich durchaus seriöse Fragestellungen, denke ich. So seriös, dass der germanistischen Einlassung mit ehemals unwürdiger Literatur heutzutage kaum mehr etwas entgegen zu halten wäre. Gleichwohl hat offenbar die Grenzziehung nach wie vor Bestand: Wir scheinen zu wissen, was diesseits der Grenze (wenn nicht mehr unbedingt als Kanon, dann vielleicht wenigstens als „Leseliste") liegt bzw. zu liegen hat; und was jenseits oder zumindest „am Rande des guten Geschmacks" zu verorten ist.

Versuchen wir, jenseits kategorialer Geschmacksurteile den diffizilen Unterschied zwischen dem, was als ‚literarisch wertvoll' gilt (gelten soll) und dem, was zwar lesbar, aber eben doch literarisch weniger anspruchsvoll ist (bis hin zu dem, was unlesbar ist oder historisch geworden ist, weil wir die jeweils gesetzten Verstehensansprüche nicht mehr zu konkretisieren in der Lage sind), wissenschaftlich zu begründen, so könnten wir vielleicht bei jenen germanistischen (eventuell auch literaturpsychologischen) Teildisziplinen die eine oder andere Anleihe machen, die der (traditionellen) Literaturwissenschaft immer schon eine Schritt voraus zu sein beansprucht haben. Also die Linguistik, weil alles Sprache ist. Alles ist Kommunikation, auch die literarische Anschlusskommunikation, die „Seh-Gespräche“, „Literarische Geselligkeit“, auch über die quartettförmige Inszenierung hinaus, das gemeinsame Reden über Literatur in all ihren mehr oder weniger trivial-medialen Erscheinungsformen, in allen möglichen Stuhl- und Sofaformationen, öffentlich wie privat. Der Leser, der Zuschauer, derjenige, der einen Text liest, hört, sieht, versteht (irgendetwas), was ihn betrifft, betört oder langweilt. Der Text bringt sich in eine Position, in der er wahrnehmbar und wahrgenommen, „konkretisiert“, verstanden werden kann. Wer nicht hören will, muss fühlen; wer nicht lesen will, muss sehen.

Fernsehen ist die Domäne des Trivialen, aber nicht ohne Zuschauer! Aber auch Literatur: nicht ohne meine Leser. Oder sollte gerade die Eskamotierung des Lesers, seine tendenzielle Geringschätzung, die „Publikumsbeschimpfung“ der prominente Modus von Literatur sein? Welchen Sinn macht das? Wohl keinen, aber es stellt sich in die lange Tradition des verkannten Künstlers, der sich verhält, wie jener Pseudostaat, dem Brecht zu besagtem 17. Juni in einem seiner kleinen Gedankengedichte riet, sich doch ein neues Volk zu wählen, wenn er mit dem aufständischen unzufrieden sei.

Nicht ohne meine Leser! - Wenn sich der Text als ein virtuelles, vom Leser zu konkretisierendes Gebilde (im Sinne R. Ingardens) erweist, über das der Autor letztlich keine Verfügungsgewalt mehr hat, dann ist es vorstellbar, dass auch die Unterscheidungen, die wir hier diskutieren, nicht zu konkretisieren sind, ohne dass wir Bezug auf den Leser nehmen. Vielleicht reicht uns, solange wir nicht empirisch-literaturwissenschaftlich argumentieren wollen, ja zunächst Isers

„implizite Leser“, eine „Instanz“, auf die hin Sinn entworfen wird und die diesen entworfenen Sinn in seiner Konkretisierung mehr konstruiert als rekonstruiert oder gar „entnimmt“ – wie es leider gerade in didaktischen Kontexten immer wieder heißt.

In der Tat könnten gerade die Leser oder Zuschauer jene Instanz sein, in deren Rezeptionsweisen sich ein durchaus gewinnbringender und weitgehend noch unanalysierter Umgang mit dem Trivialen manifestiert und mehr noch, aus denen heraus sich schließlich rezeptionsorientierte Bestimmungsmerkmale des Trivialen gewinnen lassen könnten.

Redundanz und Relevanz

Nun ist der Titel dieses Abschnitts zweifellos linguistisch motiviert, Redundanz zunächst ein kommunikations- bzw. informationstheoretisches, dann auch ein linguistisches Konzept, mit dem sich unter Bezug auf kommunikative Notwendigkeiten menschlicher Kommunikation beschreiben lässt, was die Übertragung des Modells technischer Kommunikation auf die menschliche so unergiebig macht. Im Gegensatz dazu dann aber das mit einem anderen Relevanzbegriff operierende Grice'sche Konzept der Kommunikationsmaximen: „Be relevant!“ Was könnte das mit unserer Frage nach leservermittelten Bestimmungsmerkmalen des Trivialen zu tun haben? Rede nicht drum herum, ich habe keine Zeit, das hast Du nun schon dreimal gesagt, glaubst Du, ich hätte das nicht verstanden? Sei informativ! Öfter mal was Neues! Was ich schon weiß, macht mich nicht heiß – da gilt sowohl für das insgesamt Bekannte, etwa eine der vielen Wiederholungen im Fernsehprogramm, wie auch für das, was sich im Verlauf eines Textes als für das Verstehen des weiteren Textes vorauszusetzendes Wissen aufbaut, was notwendig ist, aber eben nicht immer wieder neu mitgeteilt zu werden braucht, weil bereits vorhanden, jedoch nicht statisch, ein für alle Mal, sondern an jedem Punkt im Verstehensprozess neu konstruiert, gewissermaßen angereichert um die jeweils neuen Informationen, die ständig die Seite wechseln – von „the new“ zu „the given“ – in einem „Verfahren“, das tatsächlich so etwas wie einen „Given-New-Contract“ auszumachen scheint. Eine Art Abkommen zwischen Text und Leser, der sich in einem dynamisch-konstruktiven Netz von vorausweisenden und zurückverweisenden Verstehenshypothesen bewegt, der in jener immerwährenden Bewegung des hermeneutischen Zirkels schließlich dort ankommt, wo ihn der Text und wo er sich selbst hinführt im Prozess des Lesens – an den Schluss des Textes, der schon im Anfang erahnt werden konnte und musste. Ohne diese „Ahnung“, ohne dieses divinatorische Moment des Verstehens, wie wir mit Schleiermacher sagen können oder das abduktiv-ratenden Moment, wie wir mit Peirce und Wittgenstein sagen können, vollbringt die Lektüre nichts, nicht einmal den schlichten Nachvollzug. Im Text geschieht nichts, alles geschieht in der Phantasie des Lesers, der den Anfang auf ein von ihm hypostasiertes Ende hin versteht, das dann trivialerweise genauso kommt oder eben anders.

Das Triviale erscheint in diesem konstruktiv-hermeneutischen Kontext als das Gewusste, wiewohl nur richtig „Geratene“, der Schluss fügt dem Anfang nichts hinzu, was nicht schon in ihm gelegen hätte, er bietet nichts Neues und ist insofern redundant, so redundant, als hätte der Leser das Buch selbst geschrieben (sog. Autor-Leser-homologe Texte). Er hätte das alles auch gekonnt, ihm fehlten nur die Worte. Was ich schon weiß, ist vor dem Text gegeben oder mit den ersten Sätzen als unverfehlbare Spur ausgelegt, die selbst wenn sie absichtsvoll verwischt wird, nicht verschwindet, sondern „durchscheint“, wie die abgekratzte tiefere Schicht des

Palimpsest, das allerdings auch nicht der „wahre“ Text ist, sondern nur ein anderer. Gelänge es dem Text, durchgängig relevant zu sein, könnten wir ihn nicht verstehen. Es muss einen Anknüpfungspunkt geben, etwas „Bekanntes“, von dem aus das Neue in der Weise verstehbar wird, dass es zu ihm in Relation gesetzt werden kann – sei es in der von meinem Sohn bei einem gemeinsamen Aufenthalt in China beharrlich monierten Vergleichsformel „Hier sieht es aus wie…“, die seiner Meinung nach weder geeignet war, die Inkommensurabiltät der Systeme oder Kulturen, noch die der Landschaften angemessen zu würdigen, geschweige denn zu verstehen; sei es die Negierung jeglicher Ähnlichkeit mit einer Formel wie „Hier läuft das völlig anders“ oder „So etwas Eigenartiges habe ich noch nie gesehen“, die zwar die Eigenartigkeit zu würdigen weiß, Verständnis aber auch nur aus dem Vergleich, hier eben ex negativo, gewinnen kann. Wie ähnlich, wie anders, das ist es, was es zu klären gilt und das ist keineswegs eine Diskriminierung des Vergleichs schlechthin.

So ist es wohl auch mit den Sprachen: vergleichbar und unvergleichlich (M. Wandruszka). Sprachen, die uns plötzlich, wenn wir den Dunstkreis des Germanischen und Slawischen verlassen, so fremd vorkommen, als seien es Kunstsprachen oder irgendwelche undurchschaubaren Gebilde, mit deren Hilfe Kommunikation unmöglich gelingen könnte und dann plötzlich doch in einem kleinen Winkel sinnvoll, verstehbar, nachkonstruierbar, weil systemhaft, erscheinen. Wenn ich bemerke, dass ungarisch *viz* ‚Wasser’ heißt, kann ich schon ‚ahnen’, dass ein Ort namens *Heviz*, bekannt aufgrund eines einzigartigen radonhaltigen Thermalsees, wohl etwas mit Wasser zu tun haben könnte. Und wenn ich dann noch höre, dass dieser See hinsichtlich der Zusammensetzung seines Wasser so einzigartig ist, dass es nur einen vergleichbaren, jedoch nicht zugänglichen See in Neuseeland gäbe, dann weiß ich wieder: Ich bin angekommen nicht im ganz normalen, sich wiederholenden Leben, sondern in der Einzigartigkeit des Nicht-Trivialen. Mir bietet sich das Einmalige, das sich nicht überall auf der Welt oder in jedem Text stereotyp Wiederholende, das Besondere, das den Eintrittspreis rechtfertigt, so als wäre jeden Tag Premiere, während täglich hunderte Besucher das Gleiche tun und im unvergleichlichen Wasser Linderung vergleichbarer rheumatischer Beschwerden suchen, die wiederum so einmalig ist/sind, dass sie jedes Jahr wiederkommen – die Linderung Suchenden wie die Beschwerden.

Wiederholung und Antizipation

Beziehen wir ein weiteres Mal das Publikum sowie bestimmte Arten von Leser-Text-Relationen mit ein. Bei allen bisherigen Überlegungen hat sich gezeigt, dass unsere brav strukturalistisch-dichotomischen Oppositionen kategoriale Verwirrspiele sind, denn unsere oppositiven Kategorien sind keine *langue*-bezogenen, sondern *parole*-bezogene Kategorien, die sich relativieren im Hinblick auf unterschiedliche Voraussetzungen individueller Zeichenbenutzer/ Leser. Wenn wir von Redundanz gesprochen haben, dann gibt es zwar Redundanzen im Sprachsystem (etwa die, dass der Plural durch mehrere Pluralmorpheme gleichzeitig markiert wird), Redundanzen in einem Text sind dagegen leserabhängig: Was dem einen Leser neu ist, ist für einen anderen Leser durchaus bekannt, dem einen muss man etwas zweimal sagen, der andere empfindet das als redundant. Wenn wir Redundanzen in dem Sinne, dass nichts Neues gesagt wird, als Trivialitätsindikator betrachten, dann trifft das für den einen Leser mehr, für den anderen weniger zu. Deshalb muss ein Text, der eine größere Polyvalenz aufweist, nicht besser oder schlechter sein, denn die Polyvalenz zeigt sich erst in unterschiedlichen Graden von Polyinterpretabilität eines Textes, der eben von konkreten Lesern mit jeweils unterschiedlichen Verstehensvoraussetzungen unterschiedlich konkretisiert werden kann. So kann der sog. ‚Spielraum'-Faktor eines literarischen Textes wohl in der Tat nicht zu einer notwendigen Bedingung ästhetischen Erlebens verabsolutiert werden. Und es ist m.E. durchaus nicht ausgemacht, dass im Vergleich mit (nicht-literarischen) Texten der Spielraumfaktor bei literarischen Texten in jedem Fall größer bzw. „das primäre Merkmal" (Groeben 1982, 157) sein muss, während ‚Textverständlichkeit' demgegenüber ein sekundäres Zielkriterium wäre. Für viele (kompetente?) Leser mag es in der Tat so sein, dass im Hinblick auf literarische Texte „das Kriterium Verständlichkeit praktisch vernachlässigt wird" (ebd., 159), das es lediglich ein sekundäres Zielkriterium darstellt, gleichwohl muss dies nicht im Umkehrschluss bedeuten, dass verständliche, redundante, das ewig gleiche Muster oder Motiv wiederholende Texte nicht nur (in einem linguistisch-neutralen Sinn) ‚trivial' sind (i.S. von ‚das ist mir doch längst bekannt'), sondern dass sie deshalb ‚schlechter' und möglicherweise gar nicht zur Klasse der literarischen Texte zu rechnen wären. Dies könnte nur im Hinblick auf bestimmte (!) literarästhetische Konzeptionen gelten, die aber nicht zuletzt deshalb nicht verabsolutiert werden können, weil sich literarische Werturteile als Geschmacksurteile nicht verabsolutieren lassen, wenn man nicht sich nicht in die Aporien normativer (vielleicht pädagogisch, nicht aber wissenschaftlich-deskriptiv begründbarer) Setzungen verstricken möchte.

Wiederholen wir also alles, was wiederholbar ist, solange wir das Publikum nicht erziehen, sondern unterhalten wollen, auch wenn damit etwas tun, was hinter aufklärerische Positionen zurückzufallen scheint. Aber müssen wir uns nicht sowieso, wenn auch vielleicht aus anderen Gründen, von der Idee der „Erziehung des Menschengeschlechts“, ästhetisch oder ethisch, immer mehr verabschieden, können nur noch destruktiv konstruktiv sein: de-konstruktiv? - Wir schauen mit einem gewissen Genuss nicht nur ein Konzert von André Rieu an, haben uns nicht nur mit einem gewissen Genuss Pierre Brice in der Rolle des Winnetou und Zorro- oder Fuzzy-Filme angeschaut; wir stehen da drüber und begeben uns mitten hinein, plötzlich ganz unkritisch das genießend, was sich der Möglichkeit kunstvollen Genusses – zumindest nach der einen oder anderen Theorie - eigentlich entzieht. Mit der Kategorie des Genießens ist freilich die gesamte ideologiekritische Diskriminierung der Unterhaltungsindustrie auf den Plan gerufen bis hin zu den Kochshows und internationalen Hotelbuffets, jenseits derer es uns wieder einmal zur Hausmannskost drängt: Da wissen wir doch, was wir haben. Wir gestehen es ein und finden es schön, (gelegentlich) am Abend vor dem Fernseher zu sitzen und nur die Alternative abwägen zu müssen: Rosamunde Pilcher oder Inga Lindström, wenn es denn gerade keine (nicht triviale?) Tatort-Folge mit Lena Odenthal oder eine Donna-Leon-Verfilmung gibt. Alles ach so Triviale schauen wir eh nur wegen Venedig und der schönen Landschaften an – aber bitte mit Sahne.

Auch wenn es jetzt fast peinlich erscheint: Warum tun wir das? (Manche sagen: Warum tut man sich das an). Jede mögliche Antwort tappt jetzt in die Rationalisierungsfalle. Aber ich will dennoch eine zu geben versuchen: Wo liegt das ästhetische Genussmoment in der sich wiederholenden Rezeption des ewig Gleichen? Es liegt m.E. in einer Art von (meistens kollektivem, nicht einsamen, sondern zweisamen) Zeitvertreib, der eine Form literarischer Geselligkeit annimmt, in der wir Hypothesen austauschen unter Wissenden, genauso redundant oder trivial wie der Gegenstand der Betrachtung oder das „Objekt der Begierde“. - Metakognitiv geteiltes und kommuniziertes, zumindest kommunizierbares Wissen um die Strukturen des Trivialen mittels Hypothesen, die nicht einmal mehr explizit formuliert werden müssen: Spielerische Hypothesenbildung in der Form der Anspielung, Andeutung, des Anstoßes einer gemeinschaftlich kognitiven Aktivität, die keiner Anstrengung, ja keiner Worte mehr bedarf. Weil alles bekannt, alles gesagt ist. Die Anschlusskommunikation bietet schließlich immer noch Alternativen: die identifizierende Sehweise, die uns Teil einer Welt des Trivialen werden lässt, zu der wir selbst mit einem kleinen Cabrio keinen Freifahrschein erhalten werden, die uns somit auch wieder ausschließt, uns aber glücklich zurück lässt; die kritisch-distanzierende Sehweise, die uns alles durchschauen lässt und so das Erkennen zu einer wahren Lust macht: Wir wollen nicht dazu gehören, weil wir es nicht können, aber auch weil wir auf einem bescheideneren Niveau glücklich(er) sind und endlich einmal sagen können, dass wir diese Probleme zum Glück nicht haben, wiewohl vielleicht andere, die wir damit verdrängen. Wie auch immer, keine dieser – und möglicher anderer – Rezeptionsweisen ist gegenüber anderen irgendwie ausgezeichnet, seien es professionelle, halbprofessionelle oder schlicht laienhafte. Sie sind gleichermaßen legitim, weil sie zwar unterschiedliche, wiewohl gleichermaßen legitime, unterschiedliche Bedürfnisse befriedigende Zugänge zur Literatur wie zur je eigenen Lebenswelt darstellen, die in der Literatur, von der hier die Rede ist, paradoxerweise überhaupt nicht vorkommt. Das wäre ja trivial.

(Erstveröffentlichung in: Arend, Helga (Hrsg.) (2010): *„Und wer bist du, der mich betrachtet". Populäre Literatur und Kultur als ästhetische Phänomene. Festschrift für Helmut Schmiedt.* Bielefeld: Aisthesis Verlag, 263-278)

7 Politische Kommunikation als sprach- und medienkritischer Gegenstand im Deutschunterricht

Vorbemerkung

Ziel dieses Beitrags ist die Klärung der Frage, inwieweit der Deutschunterricht (DU), insbesondere der Sprachunterricht, ein möglicher Ort der Auseinandersetzung mit sprach- und medienkritischen Fragestellungen ist, soweit sie auf den Bereich der politischen Kommunikation bezogen sind. Unser Interesse liegt demnach in der Klärung einer fachdidaktischen Frage, der Frage nämlich, inwieweit bestimmte Aspekte der fachwissenschaftlichen Diskussion, die dort kaum mehr einer Legitimation bedürfen, weil sie mehr oder weniger etablierte Gegenstände, methodische Verfahren und problemorientierte Fragestellungen aufrufen, gleichermaßen Gegenstand der fachdidaktischen Diskussion sein können, wo sie dann allerdings durchaus noch einer, wenn auch andersartigen Legitimation bedürften. - Während in fachwissenschaftlicher Sicht das jeweilige erkenntnisleitende Interesse – wie wollen beispielsweise wissen, welche sprachlichen Verfahren für die politische Kommunikation konstitutiv sind, wie Politik nicht nur sprachlich vermittelt, sondern letztlich sprachlich konstituiert wird, und welche Rolle die Medien, vermittelnd wie konstitutiv, dabei spielen – eine hinreichende Legitimation liefert, ist die fachdidaktische Fragestellung eine andere: Sie impliziert eine pädagogische Entscheidung, sie will nicht nur eruieren, was ist, sondern sie macht eine (quasi normative) Setzung, was sein soll, ganz nach dem Muster gängiger Lernzielformulierungen vom Typ ‚*Die Schüler sollen...*', auch wenn dies gern durch eine operationale Beschreibung dessen ersetzt wird, was die Schüler – lernzielorientiert handelnd – schlicht tun (sollen): ‚*Die*

Schüler erkennen…; die Schüler unterscheiden verschiedene Wortarten...' usw.

Gleichwohl kann auch die Fachdidaktik nicht auf die fachwissenschaftliche Klärung dessen verzichten, was sie als ‚Stoff' jeweils für lernzielrelevant hält, auch wenn wir didaktisch eher kompetenz- als stofforientiert denken. – Wir werden daher zunächst unsere Gegenstände ‚an sich' etwas näher betrachten: ‚Politische Kommunikation', ‚Sprachkritik' und ‚Medienkritik' und dann zu zeigen versuchen, warum gerade unter didaktischen Aspekten die sprachkritische Analyse bei den Medien ansetzen sollte, nämlich dort, wo politische Kommunikation als eine immer schon medial vermittelte für Schüler erfahrbar wird.
Sprachkritik und Medienkritik

Unter ‚Sprachkritik' ist in der neueren linguistischen Diskussion im Allgemeinen dreierlei verstanden worden:

(i) Kritik an der Unzulänglichkeit von Sprache als Medium des Denkens, der Erkenntnis usw. (= philosophische Sprachkritik),
(ii) Kritik an bestimmten Gegebenheiten in einer Einzelsprache (= *langue*-bezogene Sprachkritik),
(iii) Kritik an bestimmten Sprachverwendungsweisen bzw. konkreten Sprachverwendungen durch individuelle Sprecher bzw. Gruppen von Sprechern in Realsituationen (= *parole*-bezogene Sprachkritik; Sprachgebrauchskritik).

Ich verzichte an dieser Stelle darauf, noch einmal die Kritikpunkte zu rekapitulieren, die gegen die Positionen (i) und (ii) vorgebracht worden sind (Heringer 1982); im Hinblick auf ihre sprachdidaktische Relevanz gehe ich im Folgenden von der Position (iii) aus, zumal diese inzwischen in der Tat

Eingang in die deutschdidaktische Diskussion gefunden hat (Bremerich-Vos 1990, Busse 1991).

Sprachgebrauchskritik richtet sich in der Regel auf historisch manifest und damit der Analyse zugänglich gewordene Gebrauchsweisen von Sprache. Solche Manifestationen des Sprachgebrauchs sind schriftliche und, soweit dokumentiert, auch mündliche Texte sowie komplexere (z.B. mediale) Kommunikationsereignisse. ‚Kritik' wäre demnach ein reflexiver Modus des Umgangs mit Texten, der sich allerdings nicht leicht von dem abgrenzen lässt, was wir gemeinhin unter ‚Analyse' (oder auch ‚Interpretationen') von Texten verstehen. So wäre tatsächlich zu klären, was *Kritik* und *Analyse* (von Texten) eigentlich meint. Während ich durchaus eine Vorstellung davon habe, was A macht bzw. was das Ergebnis seiner Tätigkeit ist, wenn ich von ihm sage, er *analysiere* eine Text, bin ich mir nicht so sicher, was es eigentlich heißt, wenn ich sage, A *kritisiere* einen Text, bzw. ob das überhaupt ein sinnvoller Satz ist. Kann man Texte *kritisieren*? Wenn ja, in welcher Hinsicht? Kants Vernunftkritiken sind, so scheint mir, Analysen. Und bei Schleiermachers Unterscheidung von Hermeneutik und Kritik bin ich mir wiederum relativ sicher, was hier *Kritik* als Grundlage editorischer ‚Emendation' im Unterschied zur Hermeneutik als ‚Lehre vom Verstehen' gemeint ist. Und wir wissen schließlich auch, was gemeint ist, wenn wir etwas oder jemanden für etwas (z.B. für eine bestimmte Handlungsweise) kritisieren. Aber was kritisieren wir, wenn wir einen Text bzw. einen Sprachgebrauch kritisieren?

Wenn wir Texte als Instanzen des Sprachgebrauchs verstehen, können wir sagen, wir kritisieren einen bestimmten Sprachgebrauch, wie er sich in einem gegebenen Text manifestiert und damit der Analyse bzw. Kritik zugänglich wird. ‚Sprachgebrauch' ist jedoch nicht etwas, was der Text

‚macht', sondern etwas, was die Sprecher machen, wenn sie einen Text in einer bestimmten Sprech- bzw. Schreibsituation verfassen. Wenn ich nunmehr Sprecher dafür kritisieren kann, dass sie so reden bzw. schreiben, wie sie es in einem gegebenen Text über einen bestimmten Gegenstand tun, dann *bewerte* ich ihr Reden und Schreiben (bzw. das Produkt, indem es sich manifestiert) beispielsweise als ‚gut' oder ‚schlecht', als dem Gegenstand ‚angemessen' oder ‚nicht angemessen', als wahrhaftig, als richtig oder falsch, als verständlich oder unverständlich, als verschleiernd, als manipulativ, als politisch nicht korrekt usw. Dazu aber benötige ich, wie in jedem Bewertungsprozess einen Maßstab, eine Norm, die mir festzustellen erlaubt, was, gemessen an dieser Norm, besser oder schlechter ist. Je nachdem, welchen Aspekt des Textes ich dabei bewerte, brauche ich je spezifische, z.B. textlinguistisch begründete Normen, anhand derer ich die Ausprägung des jeweiligen Textmerkmals gewissermaßen messen kann und dazu noch generelle Normen (oder Werte?), die mir sagen, wie mein ‚Messergebnis' jeweils (wertend) zu interpretieren ist. Ist es grundsätzlich besser, wenn ein Text verständlich ist, wenn er nichts verschleiert, nicht manipulativ ist? ‚Wie langweilig', könnte vielleicht jemand (ein wenig provokativ) bemerken.

Aber anscheinend stellen wir solche Fragen nicht. Wir wissen immer schon, dass ein verständlicher Text besser ist als ein unverständlicher (sagen wir, dass ein leicht verständlicher Text besser ist als ein schwer verständlicher), dass es besser ist, nicht zu manipulieren, die Wahrheit zu sagen, anstatt zu lügen usw. Und im Prinzip glauben wir, dass wir uns selbst kommunikativ entsprechend verhalten, dass wir kein ‚unverständliches Zeug' reden, das wir unseren Gesprächspartner nicht zu manipulieren versuchen, dass wir die Wahrheit sagen usw. Und mit Fug und Recht unterstellen wir, dass sich auch unsere Gesprächspartner an gewisse kommunikationsethische Maximen halten (im Sinne Grices), was eine durchaus sinnvolle Unterstellung ist. Schließlich basiert auch die Möglichkeit erfolgreichen Lügens nicht zuletzt darauf, dass der Lügner nicht nur mit unserer Gutgläubigkeit rechnet, sondern wir umgekehrt mit seiner Glaubwürdigkeit. Trotzdem gibt es, zumal ja nicht alle Sprecher immer lügen, natürlich gute Gründe, Sprecher zu kritisieren, wenn sie in bzw. mit ihren Texten die Unwahrheit sagen.

Auch an diesem Beispiel zeigt sich einmal mehr, dass wir nicht die Texte kritisieren, sondern die Sprecher, die wir als sprachlich intentional Handelnde für das verantwortlich machen können, was sie tun, wenn sie etwas so oder so äußern, und vielleicht auch für die Konsequenzen, die ihr Handeln hat (z.B. dass die Leute etwas für wahr halten, was sie besser nicht glauben sollten). Wir können sogar noch weiter gehen und die Sprecher nicht nur für das verantwortlich machen, *was* sie sagen (oder auch verschweigen), sondern auch dafür, *wie* sie es sagen, vorausgesetzt, die Möglichkeiten des Sprachsystems lassen ihnen eine Wahl, etwas so oder eben anders, adäquater auszudrücken. Wenn ich dies unterstelle, muss sich mein Partner oder der Verfasser eines Textes die Frage gefallen lassen, warum er sich für die eine Möglichkeit, etwas zu sagen, entschieden hat und nicht für eine andere. Kritisierbar ist aber natürlich nicht die Wahl (etwa eines bestimmten Ausdrucks) an sich, die ja ein Moment von Freiheit impliziert, die ich anderen nicht absprechen kann, wenn ich sie mir selbst zugestehen möchte. So werde ich dafür *argumentieren* müssen, warum die sprachliche Alternative *y* der alternativen Formulierung *x* (ggf. in einer bestimmten Kommunikationssituation) vorzuziehen ist. Dabei kann es nicht um individuelle stilistische Varianten gehen, es muss vielmehr intersubjektiv nachvollziehbare Gründe geben, warum man in einer bestimmten Situation nicht so, sondern eben anders reden sollte.

Wenn A in einer bestimmten Weise sprachlich handelt, indem er eine bestimmte Art von sprachlicher Äußerung macht und wenn diese Art der sprachlichen Handlung, die Art der Äußerung bzw. die Entscheidung, eine bestimmte sprachliche Handlung gerade durch diese Art von Äußerung zu realisieren (bei möglichen alternativen Realsierungen), Gegenstand der *Kritik* durch einen Adressaten B wird, an den die Äußerung explizit oder implizit gerichtet ist, oder durch einen beliebigen Rezipienten, der die Äußerung (als schriftlichen Text) prinzipiell ‚rezipieren' kann, auch wenn sie nicht an ihn ‚adressiert' ist, dann etabliert der sprachkritische Impetus eine bestimmte Art von kommunikativer bzw. metakommunikativer Beziehung zwischen A und B bzw. zwischen A, dem Textproduzenten auf der einen und einem ‚kritisierenden' Rezipienten C auf der anderen Seite. Auch diese Kritik eines analysierenden Dritten, der nicht mehr unmittelbar in die Kommunikation involviert ist, kann sich primär nur an die historische Person richten, die diese Äußerung (irgendwann) hervorgebracht hat, sie kann sekundär aber auch auf generell kritisierbare Merkmale der Kommunikation zielen, wie z.B. auf zu kritisierende Präsuppositionen, Implikationen oder Konnotationen von Äußerungen dieser Art schlechthin. Allerdings kann auch eine bestimmte Art einer historisch manifesten Äußerung als Manifestation einer bestimmten Position in einem Diskurs gedeutet werden und in diesem Diskurszusammenhang, der sich aus der intertextuellen Analyse der ihn konstituierenden Texte erschließt, natürlich auch kritisierbar sein.

In der Tat scheint Sprachkritik im Sinne von Sprachgebrauchskritik immer auf den Kontext irgendeines (historischen oder sich in actu entwickelnden) Diskurses bezogen zu sein, wobei gerade der metakommunikative sprachkritische Einwurf als wesentlicher Beitrag zum Fortschreiten des Diskurses aufgefasst werden kann. Wenn schließlich eine Reihe von Texten vorliegt, die sich gerade auch in sprachkritischer Absicht intertextuell aufeinander beziehen lassen, können wir Sprachkritik auch als Analyse und Kritik von sich in solchen intertextuellen Zusammenhängen manifestierenden Auseinandersetzungen um eine angemessene (d.h. gesellschaftlich akzeptierte) Sicht- bzw. Deutungsweise virulenter gesellschaftlicher Problemlagen verstehen. Wenn wir darüber hinaus den Gegenstand von Diskursen nicht schlicht als das ‚Aushandeln' von Fragen sehen, wie bestimmte, quasi als objektiv gegeben betrachtete Realitätsausschnitte sprachlich zu ‚etikettieren' sind, sondern als das Aushandeln der Frage, aus welcher Perspektive solche Realitätsausschnitte in welcher Art und Weise in die Diskussion eingebracht und damit allererst sprachlich ‚konstituiert' werden, so bedeutet dies auch, dass Diskurse nicht nur eine gelegentlich hinzutretende sprachkritische Dimension aufweisen, sondern dass in ihnen vielmehr durchgängig eine sprachkritische Dimension präsent ist. Dies zeigt sich gerade dort, wo die innerhalb eines Diskurses verorteten Texte in dem Maße Gegenstand (diskursexterner) linguistischer Sprachkritik werden, in dem sie als Beitrag zu einem ‚semantischen Kampf' (Lübbe 1982) gedeutet werden können.

Die Texte, in denen öffentlich geführte Diskurse bzw. semantische Kämpfe einer breiten Gruppe von Rezipienten (Lesern) zugänglich werden, sind in der Regel *Medientexte* im weitesten Sinn bis hin zu komplexen *Medienereignissen*, die vorzugsweise gerade dann ‚inszeniert' werden, wenn gesellschaftliche Diskurse einen kritischen Grad von Brisanz erreicht bzw. eine bestimmte Relevanz- oder Brisanzschwelle überschritten haben, wobei eben diese Brisanz paradoxerweise oft selbst medial herbeigeführt bzw. inszeniert worden ist.

Einerseits werden wir durch die mediale Vermittlung von Diskursen schlicht über die Entwicklung eines gesellschaftlichen Problemzusammenhangs informiert (gelegentlich zweifelsohne auch desinformiert), der sich unserer unmittelbaren Erfahrung und Teilhabe zunächst entzieht, andererseits öffnet sich durch seine mediale Vermittlung der Diskurs aber auch für die Partizipation breiterer Bevölkerungsschichten, die ihn bis auf die Ebene von Stammtischgesprächen fortsetzen (und damit leider auch tendenziell trivialisieren). In jedem Fall verändert sich der Diskurs durch seine mediale Vermittlung, er wird nicht nur trivialer, sondern auch komplexer. Insofern sind Medientexte nicht nur der Ort, an dem sich ein gegebener Diskurs manifestiert, sondern auch der Ort, an dem sich ein Diskurs in gewisser Weise immer wieder neu konstituiert. Der Sprachkritik eröffnet sich damit eine neue Dimension, die Dimension einer Kritik an den Medien, die aufgrund ihrer medienspezifischen ‚Inszenierungsstrategien' dem Diskurs tatsächlich eine neue Richtung zu geben vermögen, während sie gleichzeitig zu suggerieren versuchen, lediglich einen etablierten Diskurs zu ‚vermitteln'.

Didaktisch sind Medientexte somit in zweierlei Hinsicht von Interesse: Sie sind (i) Instanzen, durch die gesellschaftliche Diskurse über die unmittelbar am Diskurs Beteiligten hinaus ‚sichtbar' und damit der Analyse und Kritik allererst öffentlich zugänglich werden; sie sind (ii) Instanzen, die selbst an der Konstituierung eines (ggf. neuen) Diskurszusammenhangs wesentlich beteiligt sind. Allein durch die Art und Weise der Berichterstattung greifen sie in den Diskurs ein, verändern die Art seiner individuellen und gesellschaftlichen Wahrnehmung, ‚manipulieren' diese durch je medienspezifische Selektions-, Interpretations- und Transformationsprozesse, die anderen Regeln (wenn man so will, medienspezifischen ‚Zwängen') unterworfen sind als der betreffende

Diskurs selbst und schließlich auch anderen Regeln als denen einer idealiter ‚objektiven' Berichterstattung.

Wenn die in Diskursen vertretenen Positionen oder entwickelten Perspektiven, aus denen ‚Wirklichkeit' nicht nur interpretiert, sondern letztlich sprachlich konstituiert wird, gerade durch eine sprachkritische Reflektiertheit der Berichterstattung in ihrem Wirklichkeit konstituierenden Potenzial durchschaubar werden, sind die Medien allerdings nicht nur der *Gegenstand* von Sprachkritik, sondern auch der Ort, an dem diese stattfindet bzw. prinzipiell stattfinden kann. ‚Medienkritik' könnte dann beispielsweise heißen, die Berichterstattung (in verschiedenen Medien) gerade daraufhin zu analysieren, inwieweit die Berichterstattung sprachkritisch reflektiert ist, d.h. inwieweit beispielsweise kenntlich gemacht wird, dass es in diesem oder jenem Diskurs gerade darum geht, mit Hilfe eines bestimmten Sprachgebrauchs eine bestimmte Auffassung eines Wirklichkeitsausschnittes zu verbreiten. Und zwar insbesondere eine Auffassung, die gerade nicht unumstritten ist, sondern, wie ‚konkurrierende Sprachgebräuche' zeigen, Gegenstand der gesellschaftlichen Auseinandersetzung um eine ‚angemessene' bzw. sprachlich angemessen ‚repräsentierte' Auffassung eben dieses Wirklichkeitsausschnitts.

Nach Klärung des potentiellen Zusammenhangs von Sprachkritik i.S. von Sprachgebrauchskritik und Medienkritik muss nun herausgearbeitet werden, was wir unter ‚politischer Kommunikation' verstehen wollen. Daran anschließend versuchen wir aufzuzeigen, welcher (möglicherweise Politik geradezu konstituierender) Zusammenhang zwischen Politik und Medien hergestellt werden kann bzw. muss, gerade auch, um politische Kommunikation unter didaktisch-methodischen Aspekten einer (sprach)kritischen Analyse zugänglich zu machen.

Politische Kommunikation

Unter ‚politischer Kommunikation' kann mindestens zweierlei verstanden werden:

(i) Kommunikation unter und mit Politikern
(ii) kommunikative Vermittlung ‚von Politik'.

Diese beiden Spielarten politischer Kommunikation verhalten sich in etwa so zueinander wie fachinterne und fachexterne Kommunikation, wenn man unter der Kommunikation unter Politikern eine weitgehend fachsprachlich geprägte, professionelle Kommunikation versteht, wie sie etwa in den Ausschüssen des Bundestags, oft auch in der parteiinternen Öffentlichkeit, aber auch in den Bundestagsdebatten stattfindet. Dementsprechend wäre unter der ‚*Sprache* der Politik' die von Politikern in ihrer professionellen Kommunikation bzw. in entsprechenden politischen Fachtexten verwendete *Fachsprache* (z.B. in Parteiprogrammen, Gesetzesentwürfen, Beschlussvorlagen usw.) zu verstehen. Allerdings ist aufgrund der recht schwierigen Abgrenzung zu anderen Fachsprachen, wie etwa der juristischen, nicht unumstritten, ob wir überhaupt eine genuine politische Fachsprache ansetzen können oder ob diese nicht vielleicht ein Konglomerat aus verschiedenen Fachsprachen darstellt.
Zu (ii) wäre dann zu fragen, ob es entsprechend auch eine politikspezifische Vermittlungssprache gibt, die von Politikern in der fachexternen Kommunikation, d.h. in der Kommunikation zwischen professionellen Politikern und Laien (z.B. in der Wahlkampfkommunikation) verwendet wird, oder ob hier lediglich analog zu generellen bzw. themen- oder domänenspezifischen Vermittlungsstrategien verfahren wird. Hier liegen die Dinge nicht so einfach: Einmal denken wir eher an die (verständlichmachende) Vermittlung von Informationen aus dem aktuellen politischen Geschehen, dann

haben wir es letzten Endes mit einer Form von Nachrichtensprache zu tun, wie sie für die in Nachrichtentexten realisierte Informationsfunktion von Texten charakteristisch ist. Ein anderes Mal denken wir vielleicht – insbesondere in Wahlkampfzeiten – eher an werbende und wertende Darstellungen bzw. Selbstdarstellungen von Politikern und Parteien, bei denen wir es mit einer Form von Werbesprache, mit sprachlichen PR-Strategien usw. zu tun haben dürften.

Dann werden wir aber auch, so hilfreich die kategoriale Unterscheidung von Informations- und Appellfunktion auch sein mag, auf Mischformen stoßen (wie in einem Großteil von Werbetexten natürlich auch), auf Texte, in denen durchaus Informationen vermittelt zu werden scheinen, in denen sich aber auch (begründete oder unbegründete) Wertungen, offene oder verdeckte Appelle finden lassen, sich in einer bestimmten Situation (z.B. bei der Wahl) so oder so zu verhalten. Der von Brinker (1985) vorgeschlagene Ausweg, in solchen Fällen die jeweils dominante Textfunktion zu ermitteln, wie sie aus dem Bezug auf generelle Funktionen der betreffenden Textsorte abgeleitet werden könnte, mag zwar ein textklassifikatorischer Königsweg sein, leistet aber als textanalytisches Instrument noch zu wenig. Die Annahme sich vermischender Textfunktionen gilt im Übrigen auch für Teile der fachinternen politischen Kommunikation, etwa für Bundestagsdebatten, die anders als etwa Gesetzestexte, die bestimmte juristische Erfordernisse fachsprachlich absichern, darüber hinaus auch appellative bzw. rhetorische Funktionen haben. Gerade weil sie vorhersehbare Abstimmungsergebnisse kaum beeinflusst, ist die Bundestagsrede eine typische ‚Rede zum Fenster hinaus' – und das ‚Fenster zur Welt' (bzw. zu den potentiellen Wählern) sind auch hier wieder die Medien in ihrer Multiplikationsfunktion.

Während wir uns in einer eher auf die kommunikativ-politischen Ereignisse in einem lokal oder regional definierten Bezugssystem gerichteten Kommunikation durchaus vorstellen können, wir hätten neben dem *medial vermittelten* Zugang zum politischen Geschehen, wie ihn uns die morgendliche Lektüre der Tageszeitung oder die abendlichen Fernsehnachrichten garantieren, noch einen *unmittelbaren* Zugang im Gespräch mit dem Ortsbürgermeister, dem Stadtratsmitglied, bei politischen Veranstaltungen usw., so können wir uns die Vermittlung von Informationen über das Weltgeschehen kaum anders als medial vermittelt, als ‚mediatisiert' vorstellen.

Was in der Ukraine oder im Irak geschieht, bleibt unserer unmittelbaren Erfahrung nicht weniger verborgen als das, was ‚hinter verschlossenen Türen' geschieht, etwas, wovon die offiziellen Verlautbarungen, wenn sich die Türen wieder öffnen, allenfalls eine ‚Ahnung' vermitteln. – Ist also möglicherweise die Vorstellung einer in ihrer öffentlich-medialen Vermittlung begründeten Transparenz politischer Entscheidungen auch nur eine Fiktion, die gerade durch die allerorten wahrnehmbare Präsenz der Medien immer wieder neue Nahrung bekommt? Denn zweifelsohne ‚entdecken' die Medien in einer Art investigativem Journalismus gelegentlich etwas, was vor der Öffentlichkeit verborgen gehalten werden sollte. Sie ‚decken es auf', eine ‚Affäre' wird mediengerecht inszeniert und die breite Öffentlichkeit sieht sich wieder einmal in ihrer Vorstellung von Politik als ‚schmutzigem Geschäft', aber auch von der Rolle der Medien als einer Art Kontrollinstanz (vierte Gewalt) bestätigt. Den sich zügig entwickelnden ‚Affären-Diskurs' kann man fast schon vorwegnehmen: Ein Untersuchungsausschuss wird gebildet, ein paar subalterne Politiker treten vielleicht zurück, die Opposition begehrt noch einmal auf und wir kehren zum politischen Alltag zurück, zur Lektüre der Sportnachrichten oder

der Aktienkurse oder zum immer perfekter ‚inszenierten' Wetterbericht.

Selbst wenn wir es bei diesen kryptischen, viele Fragen nicht einmal angemessen formulierenden, allenfalls anreißenden Bemerkungen zur politischen Kommunikation belassen, dürfte deutlich geworden sein, dass wir es, selbst wenn wir gelegentlich auf ursprüngliche Formen der Kommunikation stoßen, die noch nicht inszeniert bzw. mediatisiert erscheinen, in wesentlichen Bereichen politischer Kommunikation stets mit der Frage nach dem komplexen Zusammenhang von Politik und medialer Vermittlung zu tun haben. So müssen wir uns der Tat einmal mehr fragen, wo – didaktisch gesehen – der systematische Ort ist, an dem politische Kommunikation in einer sach- wie schülerangemessen Form zum Gegenstand von Deutschunterricht werden kann.

Politische Kommunikation als Gegenstand des Deutschunterrichts?

Auch und gerade wenn wir ‚Politik' als in einem wesentlichen Sinn an Kommunikation gebunden, vielleicht sogar als ‚sprachlich konstituiert' betrachten, könnte man vom Gegenstandsbezug her doch fragen, ob wir es hier überhaupt mit einem Gegenstand des Deutschunterrichts zu tun haben. Welche für den Deutschunterricht spezifischen Lernziele könnten wir mit der Analyse (und Kritik) politischer Kommunikation verfolgen? In welchen Lernbereichen des Deutschunterrichts sollten wir uns damit beschäftigen? Mit welchen anderen Gegenständen und Zielen könnten wir die Analyse politischer Kommunikation in Beziehung setzen? Anhand welcher Materialien und Aufgabenstellungen können wir entsprechende methodische Vorgehensweisen einführen bzw. von den Schülern prozess- wie ergebnisorientiert erproben lassen?

Ich will diese Fragen weder mit der Aufstellung von Lernzielkatalogen noch mit exemplarischen Unterrichtsentwürfen zur Behandlung politischer Kommunikation im Deutschunterricht beantworten, sondern lediglich aufzuzeigen versuchen, im Zusammenhang welcher m.E. spezifisch sprach- und mediendidaktisch zu artikulierenden Fragestellungen die Behandlung von Grundfragen (mediatisierter) politischer Kommunikation legitimer Gegenstand von Deutschunterricht sein kann. Dabei vernachlässige ich auch die Frage, welche Aussagen verschiedene Lehrpläne dazu machen oder ob diese oder jene Fragestellung sich eher für die Sekundarstufe I oder II anbietet. Es geht mir vielmehr um einige grundsätzliche Überlegungen zu möglichen Konsequenzen einer bestimmten (momentan eher fachwissenschaftlich als fachdidaktisch) diskutierten Auffassung des Zusammenhangs von *Politik und Medien* einerseits und von *Sprachkritik und Medienkritik* andererseits.

Deutschdidaktik und Mediendidaktik

Während sich im Hinblick auf den Gegenstandsbereich ‚Politik' durchaus die Frage stellen könnte, ob dieser überhaupt als Unterrichtsgegenstand von Deutschunterricht zu legitimieren sei, so dürfte dies für den Gegenstandsbereich ‚Medien' heute außer Frage stehen. Trotzdem müssen wir nach dem systematischen Ort fragen, an dem die Beschäftigung mit Medien innerhalb des DU anzusiedeln ist bzw. in welchen lernbereichsübergreifenden Unterrichtszusammenhängen mediendidaktische Problemstellungen einzubringen sind.

Der neue Lehrplan für die Sekundarstufe I in Rheinland-Pfalz geht den m.E. plausiblen Weg, keinen neuen Lernbereich ‚Medien' anzusetzen, sondern mediendidaktische Fragen dort einzubringen, wo auch die fachwissenschaftliche Beschäftigung mit Medien derzeit stattfindet, nämlich sowohl in der Sprachwissenschaft, wie auch in den Literaturwissenschaften. Interessant ist, dass damit in der Behandlung der audiovisuellen Medien tendenziell die ‚Einheit der Germanistik' wieder hergestellt zu sein, indem Sprach- und Literaturwissenschaft zwar ihre jeweils spezifischen medienanalytischen Fragestellungen generieren, letztlich aber an einem gemeinsamen Gegenstand, an je spezifischen Formen der Medienkommunikation arbeiten: Während sich die Literaturwissenschaft mediatisierten Erscheinungsformen des Literarischen zuwenden kann (auch den trivialisierten oder medial ‚transformierten') und damit die längst vollzogene Erweiterung des Literaturbegriffs auch didaktisch konsequent weiterdenkt, kann sich die Sprachwissenschaft ebenso problemlos den medialen Erscheinungsformen von Gebrauchstextsorten oder schlechterdings allen medialen Erscheinungsformen sprachlichen Handelns zuwenden.

Im Abschnitt ‚Sprachkritik und Medienkritik' haben wir bereits den Lernbereich ‚Umgang mit Texten' angesprochen, da wir es zumindest in den *Printmedien* primär mit schriftlichen Texten zu tun haben. Diese können problemlos Gegenstand auch einer mediendidaktischen Analyse im Deutschunterricht werden. Unter einem erweiterten Textbegriff können hier letztendlich ‚Texte' in all ihren medialen Erscheinungsformen einbezogen werden, ebenso wie vielfältige Zusammenhänge von gesprochenem und geschriebenem Text, zumal ein textlinguistischer Textbegriff gerade nicht an an die alltagssprachliche Verwendung von *Text* anknüpft, die in der Regel ausschließlich auf schriftkonstituierte Texte bezogen ist. Darüber hinaus braucht prinzipiell keine Grenze mehr zwischen mündlichen und schriftlichen, wie auch zwischen monologischen und dialogischen Texten gezogen zu werden, auch wenn die Behandlung mündlich-dialogischer Kommunikationsprozesse didaktisch eher im produktionsorientierten Lernbereich ‚Mündliche Kommunikation/ Gesprächserziehung' als im rezeptionsorientierten Lernbereich ‚Umgang mit Texten' angesiedelt ist. In der Tat wäre die kategoriale Abspaltung von Textproduktion und Textrezeption in einem sich ständigen fortzeugenden Wechsel von Rezeption und Produktion (oder eben auch Produktion und Rezeption) ebenso unangemessen wie eine kategoriale Abspaltung von Mündlichkeit und Schriftlichkeit in einem letztlich multimodalen Kommunikationsprozess.

Als mögliche Klammer, die Produktion und Rezeption auch didaktisch zusammenschließt, bietet sich vielleicht als dritter Lernbereich der reflexionsorientierte Lernbereich ‚Reflexion über Sprache und Sprachgebrauch' an, in dem nicht nur auf Systemeigenschaften des Deutschen reflektiert bzw. schlicht Grammatikunterricht betrieben werden kann, sondern in dem eben auch auf Eigenschaften des *Sprachgebrauchs* reflektiert werden kann. Fragt man sich, wo solche ‚Eigenschaften des Sprachgebrauchs' bzw. unterschiedliche Sprachgebräuche in einer Gesellschaft manifest und damit allererst methodisch seriös reflektierbar werden, so sind es letzten Endes wohl wieder Texte, die zum Gegenstand sprachkritischer (wie auch grammatischer) Analyse gemacht werden. Demnach müsste die ‚Reflexion über den Sprachgebrauch' eigentlich mit einer kritisch-reflektierten ‚Analyse von Texten' zusammenfallen. Dass dies in den gängigen Lernbereichsgliederungen offenbar nicht so gesehen werden kann, dürfte wohl daran liegen, dass der Lernbereich ‚Umgang mit Texten' traditionell eher als Synonym für ‚Literaturunterricht', als ‚Umgang mit *literarischen* Texten' verstanden worden ist. Wenn man diese Beschränkung akzeptiert, dann muss allerdings der Umgang mit nicht literarischen Gebrauchsweisen von Sprache, etwa mit Gebrauchstexten, an einer anderen Stelle im Lernbereichsmodell einen systematischen Platz erhalten, z.B. eben als ‚Reflexion des Sprachgebrauchs'. Wenn man hier tatsächlich einen ‚Kampf' der Literaturdidaktik um ihren letzten genuin literarischen Lernbereich sehen wollte, so sollte man analoge ‚Kämpfe' darum, wem die Mediendidaktik ‚gehört', von Anfang an tunlichst vermeiden.

Dementsprechend wollen wir unsere Frage, wohin die Mediendidaktik in einer möglichen Lernbereichsgliederung gehören sollte, auch nicht zu weit treiben. Da es in jedem Fall um eine Beschäftigung mit manifesten, d.h. dokumentierten bzw. prinzipiell dokumentierbaren, im weitesten Sinn also mit prinzipiell textförmigen, wenn auch medial komplexeren Kommunikationsereignissen (Text; Text-Bild-Ton; bewegte Bilder; mündliche Äußerungen, schriftliche Texte; monologische oder dialogische Texte) geht, kann Medienrezeption unter einem erweiterten Textbegriff durchaus als eine Form des Umgangs mit (Medien)texten verstanden werden. Wenn es um den Sprachgebrauch in den Medien geht, lassen sich ‚Reflexion über Sprachgebrauch' und ‚Umgang mit Texten' zwanglos miteinander verbinden, insofern als es in den produktions- wie rezeptionsorientierten Lernbereichen immer auch einen reflexiven Anteil gibt, weil wir auch im Produzieren und Rezipieren nicht nur ‚bewusstlos' (Wittgenstein würde sagen ‚blind') handeln, sondern oft (oder zumindest gelegentlich) auch bewusst und damit mehr oder weniger ‚reflektiert'.

Dass wir wissen, was wir tun, auch und gerade wenn wir sprachlich handeln, dass wir unser eigenes sprachliches Handeln wie auch das sprachliche Handeln anderer reflektieren (können), die Zusammenhänge und Konsequenzen unseres

Handelns (zumindest teilweise) überblicken, ist als prinzipielle Möglichkeit in der reflexiven Struktur unserer Sprache bereits angelegt: Wir brauchen keine künstliche Beschreibungssprache zu erfinden, um sprachliche Missverständnisse aufzudecken und ggf. zu klären. ‚Semantische Kämpfe' werden durchaus mit ‚normalen' sprachlichen Mitteln geführt und auch für deren sprachkritische Betrachtung stehen uns ‚normale' sprachliche Mittel zur Verfügung.

Im Deutschunterricht findet sich die reflexive Struktur von Sprache und Kommunikation zunächst wieder in der charakteristischen Doppelrolle von Sprache als Gegenstand und Medium des Unterrichts. Dabei ist Sprache allerdings kein Gegenstand, den wir als etwas außerhalb von uns selbst Liegendes, schlicht als ‚Objekt' betrachten könnten. Sprache ist offenbar auch mehr als nur ein *Teil von uns,* sie ist Teil des sozialen und kommunikativen Lebens, in das wir *durch sie* eingebunden sind, an dem wir *qua Sprache* teilhaben. Wenn wir uns also mit sprachlichen Phänomenen beschäftigen, sind wir (und dies erst recht im Deutschunterricht) in einer anderen Weise involviert (oder ‚betroffen'), als wenn wir beispielsweise Wolkenformationen betrachten oder ein physikalisches Experiment durchführen. Genau daraus resultieren einige grundsätzliche Schwierigkeiten des DU: Sprache ist nur schwer als Gegen-stand wahrnehmbar, weil sie als virtuelles System entweder gar nicht greifbar ist oder als Sprachgebrauch im kommunikativen Umgang oder in Texten derart omnipräsent ist, dass wir zunächst gar nichts Problematisches oder der Reflexion Bedürftiges an ihr wahrnehmen, dass es uns schwerfällt, zu ihr in eine kritisch-reflexive Distanz zu treten. Gleichwohl äußern wir uns auch alltagssprachlich, zumindest gelegentlich, sehr wohl zu Sprach- und Kommunikationsproblemen, nutzen also das sprachreflexive Potential, wenn auch nicht in explizit sprachreflexiver Absicht (etwa um in einen metakommunikativen ‚Diskurs' einzutreten), sondern schlicht so, dass wir beispielsweise fragen, wie ein Partner etwas gemeint hat, oder so, dass wir signalisieren, dass wir etwas nicht verstehen oder vielleicht missverstanden haben. Auf bestimmte Eigenschaften eines aktuellen Kommunikationsereignisses reflektierend, machen wir in der Tat ‚Sprachliches' zum Gegenstand der Kommunikation, allerdings nicht primär, um über Sprache zu *reflektieren,* sondern um ein kommunikatives Problem zu bewältigen und damit in der Verfolgung unserer jeweiligen kommunikativen Ziele voranzukommen.

Information und Appell

Sprachkritik als Gegenstand des Deutschunterrichts könnte also durchaus bei uns selbst und bei den kommunikativen Prozessen im Unterricht ansetzen. Da es uns, Schülern wie Lehrern, in der Regel jedoch leichter fällt, Kritik an anderen als Kritik an uns selbst zu üben, dürfte auch Sprachkritik leichter in Gang kommen, wenn wir uns (wie etwa in ‚Schreibkonferenzen' praktiziert) zunächst mit sprachlichen Produkten anderer Sprachteilhaber, die am besten nicht einmal unmittelbare Kommunikationspartner sein sollten, kritisch auseinandersetzen. Damit sind wir auf Texte angewiesen, in denen sich ein bestimmter, ggf. zu kritisierender Sprachgebrauch bestimmter Sprachteilhaber manifestiert.

Aber nach welchen *Arten* von Texten sollen wir suchen, wo finden wir Texte von Sprachteilhabern, deren Sprachgebrauch mit Fug und Recht zu kritisieren sein könnte (und in welcher Hinsicht)? Fragen wir die Lehrpläne, fragen wir die Schüler und wir stoßen (spätestens seit den 70-er Jahren) immer wieder auf zwei Typen von Texten: Der eine Typ realisiert in der einen oder anderen Form eine *Informationsfunktion*, der andere eine Appellfunktion. ‚Informieren' und ‚Appellieren' sind (gerade auch im didaktischen Kontext) allgegenwärtige sprachliche Handlungstypen, gegenüber denen die dritte Funktion im Bühler'schen Organon-Modell eher randständig bleibt, zumal man nicht einmal sicher ist, in welchen Textsorten sich Symptom- bzw. Ausdrucksfunktion charakteristischerweise manifestieren. Informationstexte sind hingegen ebenso wie Appelltexte leicht zu finden, nämlich in den Medien.

Nehmen wir als einfachsten Fall die *Printmedien.* Hier finden wir einerseits diejenigen journalistischen Darstellungsformen, die auf die Informationsfunktion abzielen (Nachricht, Meldung, Bericht) und damit einem gewissen Objektivitäts- bzw. Neutralitätsanspruch unterliegen. Andererseits finden wir im Sinn der traditionellen Unterscheidung von ‚Information' und ‚Meinung' den Kommentar und andere Formen von Texten, die Bewertungen enthalten (z.B. solche, die zwar im redaktionellen Teil zu finden sind, aber letztlich Selbstdarstellungen von Geschäften, Firmen, Unternehmen oder auch Privatpersonen sind, lanciert im Rahmen mehr oder weniger komplexer PR-Strategien der betreffenden Unternehmen, in Rubriken wie ‚Aus dem Geschäftsleben'). Und im nicht-redaktionellen Teil finden wir schließlich neben Stellenangeboten, privaten Verkaufsangeboten und Kaufgesuchen die klassische Anzeigenwerbung, die gerade die Didaktiker seit eh und je als Musterbeispiele für Appelltexte präsentieren. Während man sich bei den Spielarten informierender Texte mit einer Analyse unter strukturellen oder funktionalen Aspekten begnügen zu können glaubt, sind Werbetexte immer auch Gegenstand von ‚Kritik' gewesen. Wir versuchen, ihre manipulativen Funktionen aufzudecken und wenn wir Glück haben, gelingt es den Schülern, bestimmte sprachliche Strategien als Ausdruck eines manipulativen Sprachbrauch auszumachen. Solche Strategien sind in der Regel im weitesten Sinn *rhetorisch-argumentative* oder *rhetorisch-persuasive* Strategien. Das Stichwort ‚Rhetorik' führt uns zu einer weiteren Art von Appelltexten, zur politischen Rede oder zur politischen ‚Werbung', zur politischen Kommunikation und zur Sprache in der Politik.

Es ist ‚Politikkritik', die sich dann über die Behandlung entsprechender Appell*texte*, wie z.B. Wahlplakate oder Wahlkampfreden, als Gegenstand des Deutschunterrichts legitimiert. Dagegen ist nichts einzuwenden. Schließlich können wir (außer vielleicht in einer bestimmten Art von Grammatikunterricht) Texte nicht ohne Inhalt analysieren, und wenn wir einmal die engere Grenze literarischer Texte überschritten haben, greift der ‚Umgang mit Texten' zwangsläufig in viele Bereiche des Lebens ein. Ich glaube allerdings, dass wir im DU noch einen Schritt weitergehen müssen. Wir können uns nicht damit begnügen, einzelne politische Reden oder ein einzelnes Wahlplakat in Analogie zur kommerziellen Produkt- oder Imagewerbung schlicht als einen Appelltext zu analysieren. Wir müssen (i) auch didaktisch-methodisch dahin kommen, textlinguistisch adäquat nicht nur den einzelnen, in der didaktischen Reduktion anscheinend legitimerweise isolierten Text zu betrachten, sondern diesen als Element in einem Netz von Texten, als Element eines Diskurses zu verstehen. Und (ii) sollten wir die kategoriale Unterscheidung von Appelltexten und Informationstexten keinesfalls so verstehen, als bräuchten sog. Informationstexte grundsätzlich nicht sprachkritisch hinterfragt zu werden (z.B. unter dem Aspekt der Verständlichkeit oder unter der genuin sprachkritischen Frage, wie sie mit konkurrierenden Sprachgebräuchen umgehen).

Intertextualität und Diskurs

Vielleicht weil wir aus Gründen einer immer schneller anwachsenden ‚Stofffülle' lernzielorientiert und exemplarisch zu arbeiten gelernt haben, vielleicht weil wir aus Gründen einer überschaubaren Systematik die Gegenstände (des DU) eher isoliert als integrierend zu betrachten geneigt sind, vielleicht aber auch, weil wir Komplexität didaktisch zu reduzieren gelernt haben, neigen wir vermutlich gerade im schulischen ‚Umgang mit Texten' dazu, einzelne Texte so zu behandeln, als gebe es – zumindest im Moment der Einzelanalyse – keine anderen Texte auf der Welt, kein letztendlich unüberschaubares Universum von Texten, in dem unser zu analysierender Text irgendwo seinen Platz hat zwischen näheren und entfernteren Nachbarn und Verwandten, die auf ihn einwirken und auf die er seinerseits Bezug nimmt.

Allein schon um diesen einen Text angemessen verstehen zu können, müssen wir zumindest einige benachbarte Texte kennen bzw. von ihnen Kenntnis zu erlangen versuchen. Aber dazu fehlt uns (nicht nur im Unterricht) meistens die Zeit und so sind wir schon zufrieden, wenn wir ab und zu an dem einen oder anderen Text etwas entdecken, was Gegenstand einer sprachkritischen Betrachtung werden könnte: Kann man das *so* sagen? Welche Konnotationen hat dieser Ausdruck? Warum wird hier ein Fremdwort oder ein Fachausdruck verwendet? Ist der Text etwa aufgrund seiner syntaktischen Komplexität schwer verständlich? Welche Absicht verfolgt der Autor dieses Textes ‚wirklich'? Will er uns beeinflussen und wie macht er das sprachlich? Verschweigt oder verschleiert er etwas? Werden Euphemismen verwendet, welche Rolle spielen Metaphern usw.?

Zweifelllos sind dies alles legitime, für die Textanalyse hilfreiche Fragestellungen, Fragen, deren Beantwortung durchaus auch darauf abzielt, den Text in einen situativen Kontext, in einen ‚Wirkungszusammenhang' zu stellen. Fragen dieser Art sind jedoch noch nicht dazu geeignet, den Text in dem Sinn zu ‚situieren', dass er in seinen je spezifischen *intertextuellen* Zusammenhängen gesehen und verstanden werden kann. Wir mögen hier und da vielleicht einen Vergleich zwischen zwei Texten arrangieren, weil die Merkmale des einen Textes deutlicher hervortreten, wenn wir ihn mit einem zweiten, der ähnliche oder auch ganz andere Merkmale aufweist, kontrastieren, über den Vergleich von zwei Texten kommen wir jedoch selten hinaus.

Vergleichen wir beispielsweise in den Wahlprogrammen verschiedener Parteien, was der eine und was der andere Text zur Frage der Integration ausländischer Mitbürger sagt, werden wir schnell auf unterschiedliche Bezeichnungsstrategien stoßen, die, sprachkritisch betrachtet, eher Diskriminierungs- als Integrationsstrategien erkennen lassen dürften. (Das Beispiel ist bezogen auf die Diskussionen Ende der 90-er Jahre.) Eben dies herauszuarbeiten, dürfte für Schüler durchaus lohnenswert sein. Dabei dürfte es durchaus von Interesse sein zu sehen, wie hier bestimmte inhaltlichen Positionen ihren je unterschiedlichen sprachlichen Ausdruck finden und wie wir somit in unserem eigenen Sprachgebrauch nicht mehr ‚frei' sind, weil der entsprechende Begriff eben schon ‚besetzt' bzw. erfolgreich ‚besetzt' worden ist (vgl. Klein 1991).

Was wir jedoch im Vergleich von nur zwei Texten nicht sehen, ist die gesamtgesellschaftliche Auseinandersetzung, die Diskurs- oder Kommunikationsgeschichte, die sich dahinter verbirgt, wenn zunächst von ‚Gastarbeitern', dann von ‚ausländischen Arbeitnehmern', dann von ‚ausländischen Mitbürgern und Mitbürgerinnen' gesprochen worden ist, die in einem anderen Sprachgebrauch dann schließlich als ‚Gäste' apostrophiert werden. Nur eine Reminiszenz an den Gast-Status von ‚*Gast*arbeitern'? Wie schön, möchte man – sprachkritisch eher unbedarft – sagen, man ist ja gern mal ‚zu Gast', fühlt sich als Gast zuvorkommend behandelt usw. Der damalige Sinn der Rede von ‚*Gästen*' lag jedoch in einem entschieden anderen Merkmal des Gast-Status, das die Rede von ‚Gästen' in einem entsprechenden Kontext zu einem Euphemismus macht, der durchaus Teil einer Polemik sein könnte: Der Gast-Status gilt nur für begrenzte Zeit (wenn Sie bereits vor einiger Zeit eingecheckt haben, wird es bestimmt bald Zeit, wieder auszuchecken), so dass uns die lieben Gäste doch bitte (möglichst bald?) wieder verlassen und ‚nach Hause' (denn das ist nicht in Deutschland, sondern irgendwo anders) fahren sollten. Wir wollen ja nicht gleich von ‚Abschiebung' reden…

Vielleicht mag sich mancher Altphilologe sogar daran erinnern, dass das lateinische Wort *hostis* zugleich ‚Gast' und ‚Feind' bedeutete. Aber der *Diskurs* über den Zuzug von Ausländern, Aussiedlern, Asylbewerbern muss differenzierter geführt werden und er lässt sich auch nicht durch eine isolierte wortkritische Betrachtung (‚Entlarvung' der Verwendung der Gast-Metapher als Euphemismus) hinreichend erhellen. Er ist in seiner Komplexität nur unzureichend erfasst, wenn wir zwei oder drei isolierte Texte analysieren, denn es sind noch viel mehr Texte in ihren vielfältigen intertextuellen Beziehungen als Elemente (oder Positionen) in einem sich entwickelnden Diskurs zu betrachten, in dem selbst unsere nachträglichen Analyseversuche wiederum (nachgetragene) Teile dieses Diskurses werden.

Erst im jeweiligen Diskurszusammenhang kann überhaupt deutlich werden, was die sprachkritische Analyse herauszuarbeiten beansprucht, dass nämlich ‚semantische Kämpfe' um eine (angemessene oder politisch opportune?) Redeweise nicht nur eine Frage der Wortwahl sind, eine beliebige stilistische Entscheidung, etwas so oder anders zu benennen, sondern immer auch der Versuch, mithilfe einer bestimmten Redeweise eine bestimmte Auffassung des zur Diskussion stehenden Themas zu insinuieren und diese Redeweise dementsprechend im allgemeinen Sprachgebrauch in der Absicht durchzusetzen, etwas verhalte sich ‚in Wirklichkeit', sozusagen ‚objektiv', tatsächlich so, wie es dieser oder jener Sprachgebrauch insinuiert, während damit tatsächlich versucht wird, eine bestimmte *Deutung* eines Wirklichkeitsausschnittes allererst kommunikativ zu konstituieren.

Diskurse haben oft eine lange Geschichte und sind oft schwer rekonstruierbar, weil nicht alle Schritte in der Entwicklung eines Diskurses hinreichend dokumentiert und damit der Analyse zugänglich sind; oft fällt bereits die Entscheidung schwer, was zu dem einen und was zu einem anderen Diskurs gehört. ‚Diskursanalyse' in diesem Sinn (nicht im Sinn von ‚Gesprächsanalyse') scheint in der wissenschaftlichen Diskussion allerdings – ihr poststrukturalistischer Ursprung lässt dies bereits vermuten – nicht nur ein komplexes, sondern auch ein relativ unklares Konzept zu sein, das offensichtlich auch gar kein konkretes Analyseinstrument zu liefern versucht. So erscheint der didaktische Vorbehalt, dass man hieraus nicht vorschnell didaktische Konsequenzen ziehen sollte, durchaus berechtigt. Auch ich plädiere dementsprechend hier keineswegs dafür, Diskursanalyse einfach als neue *Methode* des ‚Umgangs mit Texten' (wenn es denn überhaupt eine ist) in den Deutschunterricht einzubringen. Es geht in meiner Argumentation lediglich darum, Ansätze aufzuzeigen, den Text aus seiner analytischen Isolation zu befreien und ihn auch analytisch als das zu behandeln, was er gerade im Kontext politischer Kommunikation wesentlich ist: ein Element eines Diskurses, in dem sich *eine* in den betreffenden Diskurs (Kommunikationszusammenhang) eingebrachte Position in einem Text manifestiert, von anderen Positionen unterscheidet und gleichzeitig (intertextuell) auf diese verweist.

Eine bessere Didaktisierungschance hat in diesem Sinn wohl tatsächlich das hier ebenfalls diskutierte Konzept der *Intertextualität* (s. dazu unter sprach- wie literaturwissenschaftlichen Aspekten Klein/Fix (Hrsg.) 1997), das auch ohne poststrukturalistische Anleihen ebenfalls komplex genug ist, um dem Gedanken einer grundsätzlichen Verwobenheit von Texten in einem Diskussions- oder Diskurszusammenhang methodisch weitgehend angemessen Rechnung zu tragen. Intertextuelle Bezüge zwischen Texten lassen sich im einfachsten Fall zwischen jeweils zwei Texten aufzeigen. Dabei dürfen wir die Texte allerdings nicht rein strukturell-synchron betrachten, sondern müssen sie in einer diachronen Abfolge sehen, so dass wir einen Text A als Vorgänger eine Textes B verstehen und dementsprechend in Text B einen möglichen (Rück-) bezug auf Text A zu erkennen vermögen.

Welcher Art die dann zu untersuchenden intertextuellen Bezüge sein können, ist natürlich anhängig von der jeweiligen analytischen Fragestellung, unter der wir die aufeinander bezogenen Texte betrachten wollen: Einmal sind es vielleicht lokal begrenzte Wiederaufnahmen einzelner Formulierungen aus dem Vorgängertext, ein anderes Mal sind es vielleicht Zitate aus Text A, die in Text B integriert werden; einmal sind es implizite Anspielungen auf eine im Vorgängertext artikulierte oder präsupponierte politische Position, ein anderes Mal ist es die explizite kritische Auseinandersetzung mit einer solchen Position, die sich über ganze Textpassagen erstrecken kann; einmal sind es ‚mimetische Zitationen', ein anderes Mal kreative ‚Stilbasteleien', deren kommunikative Funktion nicht zuletzt in jugendsprachlicher Kommunikation nachweisbar ist (s. Schlobinski u.a. 1993, 51ff.).

Schließlich gibt es Textsorten, die ihren Sinn überhaupt erst in ihrem expliziten intertextuellen Bezug auf einen Vorgängertext erhalten. Dies ist immer dann der Fall, wenn Text A in einer bestimmten Hinsicht Gegenstand von Text B wird, so dass Text B ohne die vorgängige Existenz eines Textes A als Referenzobjekt gar nicht hätte geschrieben werden können. Wie wir traditionell von ‚Sekundärliteratur' sprechen, können wir hier allgemein von ‚Sekundärtexten' sprechen, die nur unter der Voraussetzung geschrieben werden können, dass es einen primären Bezugstext, eben die sog. Primärliteratur gibt. Umgekehrt wäre es auch nicht sinnvoll, überhaupt von ‚Primärliteratur' zu sprechen, wenn es keine Sekundärliteratur gäbe. Dann gäbe es ‚nur' Literatur (was übrigens eine literaturwissenschaftlich durchaus nicht abwegige Überlegung wäre).

Sekundärtexte haben oft die Funktion, sich in irgendeiner Weise bewertend oder kritisierend mit dem vorgängigen Bezugstext auseinander zu setzen, wobei die Art des Bezugs auf den vorgängigen Text bzw. die Textsorte des Sekundärtextes oft bereits im Titel explizit gemacht wird: ‚*Gutachten zur Hausarbeit von ...*', *Rezension des neuen Romans von ...*', ‚*Sprachkritische Anmerkungen zu ...*', ‚*Gesetzeskommentar*' usw. Hier könnte man durchaus im Sinn von Heinemann (1991) von einer Intertextualität von Text*sorten* sprechen. Hierher gehören schließlich auch Textsortenbezüge zwischen literarischen Texten (z.B. Persiflagen und Inszenierungen), sowie im produktionsorientierten Bereich (bekannt vor allem aus dem kreativen Schreiben) spezifisch intertextuell orientierte Aufgabenstellungen wie etwa (stilistische) ‚Erhöhung' oder ‚Erniedrigung', ‚Versetzung in einen anderen historischen Zusammenhang', ‚Schreiben aus einer anderen Perspektive', Umformungen, Bearbeitungen von Texten u.v.m.

In der Tat können wir in vielfältiger Weise und in sehr unterschiedlichen Kommunikationszusammenhängen immer wieder mehr oder weniger ausgedehnte intertextuelle Bezüge feststellen bis hin zu den genannten Textsortenbezügen (gerade auch zwischen literarischen Texten), wie wir sie für Schüler in intertextuell begründeten Schreibprozessen auch produktiv erfahrbar machen können, so dass sich im Rahmen einer Didaktisierung und Operationalisierung des Intertextualitätskonzepts auch lernbereichsübergreifende Arbeitszusammenhänge zwanglos etablieren lassen.

Kritik politischer Kommunikation im mediendidaktischen Kontext

Abschließend wollen wir versuchen, unsere Überlegungen zur politischen Kommunikation, zu Sprach- und Medienkritik, wie auch zum methodisch-analytischen Potential eines diskurs- oder intertextualitätsorientierten Vorgehens noch einmal vom Standpunkt der ‚Kritik politischer Kommunikation' aus im (medien)didaktischen Kontext zu betrachten.

Im Hinblick auf einen gesamtgesellschaftlich gesehenen (politischen) Meinungsbildungsprozess stehen in den Regel solche Themen im Vordergrund, die entweder bestimmte Grundfragen unseres gesellschaftlichen Zusammenlebens und damit auch unser Selbstverständnis in eben dieser Gesellschaft berühren, oder die sich auf lebenspraktische Zusammenhänge beziehen, für die bestimmte politische Entscheidungen unmittelbare praktische Konsequenzen (z.B. ökonomische oder soziale) nach sich ziehen. Beide Diskussionsebenen sind allerdings in der Praxis tatsächlich nicht voneinander unabhängig, denn Begründungen für Entscheidungen der zweiten Art werden argumentativ in der Regel durch Argumente gestützt, die sich auf die erste generelle

Argumentationsebene, auf die ‚Grundfragen' also, beziehen. – So ergibt sich etwa die Unmöglichkeit für eine Frau, sich bei einer katholischen Schwangerenberatungsstelle die für einen eventuellen Schwangerschaftsabbruch gesetzlich vorgeschriebene Beratungsbescheinigung ausstellen zu lassen, zwar aus der in ihren lebenspraktischen Konsequenzen unmittelbar erfahrbaren päpstlichen Entscheidung, diese erfährt jedoch ihre Begründung erst im Zusammenhang mit der grundsätzlichen Haltung der katholischen Kirche gegenüber dem ‚ungeborenen Leben', für dessen Schutz sie sich grundsätzlich einzutreten verpflichtet fühlt.

Auf der Ebene solcher ‚Grundfragen' sind offensichtlich stets bestimmte Wertvorstellungen impliziert, bestimmte ‚Normen' sehr allgemeiner Art, die dann, wenn sie allgemein akzeptiert und damit einer immer wieder neuen Grundsatzdiskussion tendenziell entzogen sind, einen faktisch nicht mehr hinterfragten (und auch nicht mehr zu hinterfragenden) argumentativ stabilen Bezugspunkt auch für lebens*praktisch* relevante Entscheidungen liefern. Werden solche Grundfragen irgendwann kontrovers, dann konstituieren die entsprechenden (in der Regel öffentlich geführten) Kontroversen einen entsprechenden Diskurs, in dem sich verschiedene gesellschaftliche Positionen nicht in isolierten, sondern in (idealiter argumentativ) aufeinander bezogenen Texten, mithin *intertextuell,* manifestieren. Ebenso können sich aber auch hinsichtlich der lebenspraktisch unmittelbar bedeutsamen Themen Diskurse entwickeln. Diese können wiederum auf bereits geführte ‚Grundsatzdiskurse' zurückgreifen, aber ggf. auch neue Diskurse konstituieren.

Gewisse Schwierigkeiten mag man darin sehen, zu entscheiden, welche der unzähligen gesamtgesellschaftlich geführten Diskurse wir tatsächlich als ‚politische Diskurse', also als Diskurse, die im Rahmen ‚politischer Kommunikation' geführt werden, betrachten können bzw. wollen. Dabei hilft uns unsere oben getroffene Unterscheidung eines eher ‚fachinternen' und eines eher ‚fachexternen' (Politik *vermittelnden*) Verständnis von ‚politischer Kommunikation' nur begrenzt weiter, solange wir unseren Begriff des Politischen nicht spezifizieren. Ich plädiere dafür, alle öffentlich geführten Diskussionen, an denen sich Vertreter unterschiedlicher gesellschaftlicher Gruppierungen und Institutionen beteiligen, dann als ‚politische Kommunikation' zu betrachten, wenn die zur Diskussion stehenden Themen nicht nur für einzelne Individuen von persönlichem, sondern eben von einem gesamtgesellschaftlichen Interesse sind; ein solches Interesse liegt immer dann vor, wenn der Ausgang solcher Diskussionen bzw. Diskurse in seinen Konsequenzen die Bevölkerung insgesamt oder größere Bevölkerungs*gruppen* betrifft. Damit ist freilich so ziemlich alles, was sich öffentlich abspielt, politisch, so dass man schließlich (fast) all das ‚politische Kommunikation' nennen könnte, was wir gemeinhin als ‚öffentlichen Sprachgebrauch' oder ‚öffentliche Kommunikation' bezeichnen.

Ohne an dieser Stelle auf den Begriff des Öffentlichen oder auf die Genese der bürgerlichen bzw. einer ‚kritischen' Öffentlichkeit näher eingehen zu können, muss uns hier jedoch zumindest das Verhältnis von Öffentlichkeit und Medien bzw. von Politik und Medien interessieren. In der politik- und medienwissenschaftlichen Literatur ist bereits seit mehr als einem Jahrzehnt von ‚mediatisierter' oder auch von ‚symbolischer' Politik die Rede (s. Langenbucher 1989 sowie Sarcinelli 1987 und 1989). Wo aber tritt politische Kommunikation noch als unmittelbar öffentliche Kommunikation in Erscheinung? Bei Wahlveranstaltungen, im direkten kommunikativen Kontakt zwischen Wählern und Abgeordneten, vielleicht am Stammtisch, wobei diese Bereiche direkter mündlicher Kommunikation für den Begriff des Politischen jedoch zumindest solange marginal bleiben, wie nicht in den Medien darüber berichtet wird. Denn erst durch die Mediatisierung werden die betreffenden Ereignisse über die unmittelbar Beteiligten hinaus wahrnehmbar, so dass die Möglichkeiten ihrer Wahrnehmbarkeit geradezu multipliziert werden. Politik wird demnach in der Regel erst als mediatisierte Politik wirklich wahrnehmbar, politische Kommunikation wird allererst öffentlich in ihrer medialen Vermittlung. Und tatsächlich sind die Medien hier nicht nur schlichte ‚Vermittler', sie stellen vielmehr Öffentlichkeit allererst her und ermöglichen auf diese Weise, Politik als eine Folge kommunikativer Ereignisse (und dementsprechend als ‚Diskurs') zu verstehen, der in den und durch die Medien sichtbar und wirksam wird.

Wenn Politik somit wesentlich als mediatisierte Politik in Erscheinung tritt und unsere Erfahrung von Politik somit wesentlich durch Medienerfahrungen konstituiert wird, dürfte es auf der Hand liegen, dass auch im didaktischen Kontext politische Kommunikation gerade als Gegenstand des Deutschunterrichts als medial vermittelte bzw. (im Bewusstsein der Medienteilhaber) medial konstituierte zu betrachten sein wird. Didaktisch-methodisch kann man natürlich ebenso wie vom Phänomen politischer Kommunikation von der Funktion der Medien ausgehen und innerhalb medienanalytischer Fragestellungen etwa die politische Berichterstattung in den Medien thematisieren, um zu der sprachkritischen Einsicht zu gelangen, dass die berichteten Ereignisse gerade nicht sprachlich *abgebildet* werden, sondern immer schon sprachlich vermittelt, gedeutet und mindestens in diesem Sinn sprachlich *konstituiert* sind.

Die sprachkritische Frage nach der sprachlichen Konstituiertheit bestimmter Wirklichkeitsausschnitte ist auch eine medienkritische, allerdings nicht in dem relativ schlichten

Sinn, dass sich (auch) in Medientexten jeweils eine bestimmte Deutungsperspektive manifestiert. Sie ist erst dann eine medien*kritische* (und damit indirekt auch eine politikkritische), wenn gezeigt werden kann, in welcher Weise die Medien als Vermittlungsinstanzen *für Deutungsperspektiven* auf bestimmte politisch kontrovers diskutierte Sachverhalte fungieren. Dabei können sie sich im Hinblick auf die (einseitige) Vermittlung je bestimmter Deutungsperspektiven entweder (unkritisch) politisch instrumentalisieren lassen oder aber geeignete sprachkritisch reflektierte Strategien im Umgang mit alternativen Deutungsmöglichkeiten von Wirklichkeit und deren sprachlichen Manifestationen entwickeln.

So wird ‚Sprachkritik' immer dann zu ‚Medienkritik' und ‚Medienkritik' zu ‚Politikkritik', wenn sich die Frage stellt, inwieweit die Medien „konkurrierende Sprachgebräuche" (Stötzel 1982) ihrerseits sprachkritisch zu reflektieren in der Lage sind, inwieweit sie in ihrer Berichterstattung unterschiedliche Sprachgebräuche als Ausdruck ‚semantischer Kämpfe' wahrnehmen und deren wirklichkeitskonstituierende Funktion offen legen können (z.B. indem sie im einfachsten Fall eine nicht unumstrittene, ‚parteiliche' Bezeichnung in Anführungszeichen setzen). Ob und inwieweit verschiedene Medien genau dies tun, kann Gegenstand einer gleichermaßen sprach- wie medienkritischer Betrachtung sein. Wenn sich die Medien hier ‚sprach-unkritisch' verhalten, lässt sich letztendlich nur durch Rekonstruktion eines Diskurszusammenhangs ausmachen, inwieweit es sich hier um konkurrierende Sprachgebräuche handelt, die sich irgendwann konsolidiert, sich aber gerade auch in dem Maße verändert haben, in dem sich bestimmte Deutungsperspektive durchgesetzt haben und andere verworfen worden sind. Die medienkritische Frage wäre demnach wohl auch, inwieweit die Medien einen solchen sich ständig entwickelnden Diskurszusammenhang wahrnehmen und reflektieren (zumal sie ihn ja wohl wesentlich mit konstituieren). Erst wenn den Medien dies gelingt, ist für den Mediennutzer ein sprachkritisch reflektierter Zugang zu politischer Kommunikation und damit eine sprachkritisch motivierte Kritik am politischen Sprachgebrauch überhaupt erst möglich.

Es zeigt sich also, das sprachkritisch motivierte Kritik an politischer Kommunikation gerade auch im Deutschunterricht nur dann möglich ist, wenn die Medien uns mediatisierte, medial aufbereitete, vermittelte, aber eben auch medial konstituierte Politik in Form von Texten liefern, die entweder selbst schon Ansatzpunkte einer sprachkritischen Reflexion politischer Kommunikation in sich bergen oder die auf der Basis eines Medienvergleichs sprach- und medienkritisch reflektiert werden können.

Aber sind derartige, hier reflektierte Zusammenhänge zwischen Sprachkritik. Medienkritik und politischer Kommunikation nicht viel zu komplex, als dass wir sie, wie weit auch immer didaktisch transformiert, zum Gegenstand von Unterrichtskommunikation machen könnten? Macht unser Postulat, derartige Zusammenhänge nicht an isolierten Texten, sondern unter Bezug auf Diskurszusammenhänge und intertextuelle Phänomene zu erarbeiten, es nicht erst recht unmöglich, sprach-, medien- und politikkritische Argumentationsstrategien zu entwickeln, die vielleicht bereits in der Sekundarstufe I methodisch entsprechend umgesetzt werden könnten? – Ich gebe zu, dass es vermutlich nicht einfach sein wird, 14- oder 15-jährige Schüler und Schülerinnen dazu zu motivieren, sich in der hier vorgeschlagenen Weise auf sprach- und medienkritisch argumentierende Analysen über einzelne Texte hinaus einzulassen. Dass dies aber grundsätzlich nicht möglich sein sollte, ist m.E. bisher auch noch nicht hinreichend unter Beweis gestellt worden (vgl. dazu

Bremerich-Vos 1992 unter entwicklungspsychologischen Aspekten).

Mein Beitrag könnte, gerade weil er in der Tat relativ abstrakt geblieben ist, vielleicht dazu anregen, die eine oder andere didaktisch-methodisch konkretisierte Umsetzungsmöglichkeit zu entwickeln und im Unterricht zu erproben. Ich selbst bin mehr oder weniger bei der ‚Sachanalyse' stehen geblieben, weil ich nicht zuletzt für eine Neubewertung der Sachanalyse plädieren möchte, die ich für eine zentrale und keineswegs marginale Teilaufgabe in der Unterrichtsplanung halte. Bevor wir mit dem didaktischen Transformieren und Reduzieren anfangen, müssen wir tatsächlich erst einmal so genau wie möglich in Erfahrung bringen, worum es bei unserem Unterrichtsgegenstand eigentlich geht. Dies bedeutet gerade auch für Lehramtsstudenten in der ersten wie in der zweiten Ausbildungsphase, dass sie, wenn sie ernsthaft bemüht sind, ein neues Terrain *didaktisch* zu erschließen, nicht so tun sollten, als wüssten sie immer schon, sozusagen vortheoretisch oder intuitiv, worum es ‚in der Sache' geht. Was sie zu wissen meinen, sind angesichts des Standes der jeweiligen fachwissenschaftlichen Diskussion oft nicht mehr als relativ naive alltagsweltliche Gegenstandsauffassungen, die fast schon nicht mehr didaktisch reduzierbar sind, weil es sich bereits um stark reduzierte Auffassungen handelt. Wer begründet didaktisch reduzieren oder transformieren möchte, muss aus dem Vollen schöpfen, er muss wissen, wovon die Rede ist und dies in einer Weise, die der wissenschaftlichen Diskussion standzuhalten vermag.

(Erstveröffentlichung in: Diekmanshenke, Hajo/ Meißner, Iris (Hrsg.): *Politische Kommunikation im historischen Wandel.* Tübingen: Stauffenburg Verlag 2001, S. 379-400)

8 Kürzen und Korrigieren

Wer einen Text von einem gewissen Umfang verfasst hat, sei es ein Kapitel einer größeren Arbeit, sei es ein kleiner Essay von ein paar Seiten, ein Beitrag für eine Fachzeitschrift oder das komplette Manuskript einer Examensarbeit oder einer Dissertation, hat Zeit und Mühe investiert, um dieses Textprodukt in einem unter Umständen langwierigen, oft unterbrochenen und wieder neu einsetzenden Schreibprozess hervorzubringen, zu „erzeugen" – und nicht selten war es eine „schwere Geburt". Spinnen wir den Metaphernbereich weiter, dann wären die von uns verfassten Texte so etwas wie unsere Kinder. Vielleicht haben wir zu ihnen aber auch, wie mein Doktorvater vor etwa drei Jahrzehnten einmal meinte, tatsächlich „ein libidinöses Verhältnis". Er führte dies wohl an, um mir zu zeigen, wie hoch es einzuschätzen sei, dass er in einem gemeinsamen Beitrag für eine Fachzeitschrift eine ganze Seite seines Textanteils gestrichen hatte, nicht aber mich veranlasst hatte, dies in meinem Textteil zu tun. Dachte er vielleicht, das würde mir als jungem Wissenschaftler schwerer fallen als ihm, da ich vielleicht noch „verliebter" in meinen Text war als er in seinen?

Wie verliebt wir auch immer in unsere Texte sein mögen, es gibt eine Reihe guter Gründe, einen Text zu kürzen oder in anderer Weise zu bearbeiten, insbesondere wenn wir ihn für eine Veröffentlichung in einem bestimmten Publikationsorgan aufbereiten. Aber selbst wenn man seinen Text vom Umfang her nicht verändern möchte, muss man ihn auf jeden Fall korrigieren. Und man muss ihn auch stets nach einer Kürzung erneut überprüfen und ggf. noch einmal korrigieren.

Wenn also Kürzen und Korrigieren in der Weise miteinander zusammenhängen, dass durch das Kürzen natürlich (neue) Fehler entstehen können, die durch erneute Korrekturprozesse zu beheben sind, so ergibt sich daraus eine erste schreibpraktische Empfehlung: Um einen Text nicht ständig wieder neu kontrollierend lesen und korrigieren zu müssen, sollte die abschließende (mehrmalige!) Korrektur des Textes erst nach Abschluss des Gesamtmanuskripts erfolgen. Das heißt nicht, dass Korrekturprozesse nicht auch schon während des Schreibprozesses selbst stattfänden, sondern nur, dass es darüber hinaus in jedem Fall eine abschließende Gesamtkorrektur geben muss. Gerade im Zeitalter elektronischer Textherstellung und fotografischer Reproduktionsverfahren kann ich mich nicht auf irgendeine Verleger- oder Lektoratsaktivität verlassen, die meinen Text zu dem macht, was er sein sollte: ein professionelles, fehlerfreies Produkt, das ich auch in der gedruckten Fassung als Autor letztlich allein verantworte, spätestens dann, wenn ich die Korrekturfahnen durchgesehen und mein Imprimatur erteilt, modern gesprochen, mein Okay gegeben habe. Dann, bitte schön, darf gedruckt werden.

Dass wir gleichwohl in jedem gedruckten Werk, auch von durchaus höherer Qualität als die regionale Tageszeitung, Fehler finden, oft beim ersten Aufschlagen eines Buches oder gar auf der ersten Seite, spricht einmal mehr für die Notwendigkeit mehrerer l Selbst- wie auch insbesondere Fremdkorrekturprozesse. Da wir vom eigenen Text nie den „Abstand" haben, den ein Fremdkorrektor hat, sollte ein Manuskript in jedem Fall auch von einem Korrekturleser durchgesehen werden, der den Text zum ersten Mal liest. Wenn es nur um Rechtschreibkorrekturen geht, kann es sogar vorteilhaft sein, einen Korrektor hinzuzuziehen, der mit dem Inhalt des Textes so wenig wie möglich vertraut ist. Um die inhaltliche Orientierung auf den Text weitgehend auszuschalten, lesen manche Korrektoren den Text tatsächlich von hinten. Eine inhaltliche Konsistenzprüfung müsste dagegen von jemandem durchgeführt werden, der sowohl etwas von der Sache, wie vom Stil wissenschaftlicher Arbeiten versteht. Hier kann man sich unter DoktorandInnen bzw. KollegInnen durchaus wechselseitig helfen. Unsere zweite schreibdidaktische Empfehlung lautet demnach: Wenn der Text letztlich auch nicht hundertprozentig fehlerfrei werden kann, sollte daraus keinesfalls der Fehlschluss gezogen werden, man brauche überhaupt keine Korrektur zu machen,: Wir müssen uns die größte Mühe geben, dass unsere Texte fehlerfrei beim Verlag abgeliefert werden und nach der Fahnenkorrektur in den Druck gehen, denn diesen berechtigten Anspruch haben wir nicht nur an uns selbst (hoffe ich), sondern auch unsere LeserInnen haben ihn an uns als AutorInnen mehr noch als an irgendwelche Lektorate oder Verlage. Dabei sollten stets Fremdkorrekturen einbezogen werden.

Writing is re-writing

Was tun wir mit unseren Texten, während wir sie schreiben und nachdem wir sie (als Textentwurf) fertig gestellt haben? Wir durchlaufen einen komplexen, gestuften Schreibprozess, in dem wir nicht nur Schreibern, sondern gleichzeitig der erste Leser/die erste Leserin des unter unseren Augen entstehenden Textes sind. Wir unterbrechen den Prozess des Schreibens, blicken zurück auf das bereits Geschriebene und lesen es prüfend, um uns zu vergewissern, wie der Satz oder Text weitergehen soll. Aber auch wie er entsprechend der (grammatischen und semantisch-pragmatischen) Vorgaben der schon verfassten Textteile weitergehen kann bzw. muss. In diesem Prozess sind wir also nicht so frei, wie wir manchmal meinen und es etwa Buchtitel wie Schreiben macht frei suggerieren. In der voranschreitenden Textproduktion werden wir im Gegenteil in gewisser Weise immer unfreier, weil die Regeln der Sprache als allgemeines Bezeichnungs- und Verständigungssystem uns zwingen, uns gemäß diesen Regeln auszudrücken. Wir passen unser individuelles Ausdrucks- bzw. Mitteilungsbedürfnis also einem allgemeinen Medium so an, dass es sowohl den Regeln des allgemeinem Systems als auch unserem individuellen Ausdrucksbedürfnis entspricht und schließlich so, dass es ebenfalls den Verstehensvoraussetzungen der (potenziellen) Leser, ihrem sprachlichen wie enzyklopädischen Wissen angemessen ist.

Da wir all diese Rücksichtnahmen meistens nicht im spontanen Drauflos-Schreiben unter einen Hut bringen können, arbeiten wir an unserem Text, um ihn der einen oder anderen Idealvorstellung in einem Kompromiss zwischen den verschiedenen Ansprüchen, die an unseren Text gestellt werden, so gut wie möglich anzunähern. Wir leisten kontinuierliche Formulierungsarbeit, in der es nicht gilt, die eine optimale Formulierungsvariante zu finden (was ja schon schwierig genug wäre), sondern in der es darum geht, unterschiedlichen Ansprüchen an den Text gleichermaßen gerecht zu werden. Ein Beispiel für solche konfligierenden Ansprüche an einen Text ist das „Dilemma der Verständlichkeit“, das sich in zwei konfligierenden Maximen manifestiert: 1) „Sage, was zu sagen ist“ und 2) „Rede so, dass dein Partner dich versteht“ (Heringer 1979: 258). Um diese Maximen zu vermitteln, brauchen wir letztlich beide: Sprecher und Hörer bzw. Leser und Schreiber.

Bei der Vermittlung zwischen Schreiber- und Leseransprüchen, wie bei der Vermittlung zwischen Individuellem und Allgemeinen sind wir beständig dabei, gefundene Formulierungen wieder zu verwerfen, um neue, bessere zu finden: Während solche permanenten, dem Schreibprozess inhärenten Bearbeitungsprozesse das Schreiben eines Textes letztlich zu einem unendlichen Prozess mit dem Charakter eines Annäherungsprozesses machen, muss dieser Prozess aus pragmatischen Gründen nicht „irgendwann“, sondern in der Regel zu einem genau festgesetzten Termin (deadline) abgeschlossen werden. Vorsichtiger gesagt: Wir müssen lernen, einen nie ganz fertigen Text für (vorläufig) abgeschlossen zu erklären. Tatsächlich handelt es sich bei dem ersten fertig gestellten Textprodukt um einen mehr oder minder gelungenen Textentwurf, der nun nach dem vorläufigen Ende des ersten Schreibprozesses sozusagen nachgeordnete Bearbeitungsprozesse auf sich zieht, die sich auf den Text als Ganzen bzw. auf einzelne Textstellen beziehen. Kürzen und Korrigieren sind zwei solcher Bearbeitungsprozesse. Gerade wenn es sich um fremde Korrektur- bzw. weiter reichende Bearbeitungsvorschläge handelt, fällt es oft nicht leicht, mit der darin implizit enthaltenen Kritik an meinem Text umzugehen. Der Fremdkorrektor kann zwar immer nur Bearbeitungs*vorschläge* machen, diese haben jedoch nur dann Sinn, wenn ich sie wirklich ernst nehme und eine aus Sicht des Bearbeiters notwendige oder sinnvoll erscheinende Veränderung meines Textes ernsthaft abwäge.

Arten der Textbearbeitung

Aus der Schreibforschung kennen wir verschiedene Modelle, die den Schreibprozess in Phasen gliedern und damit zu strukturieren versuchen. Die bekanntesten sind immer noch das ursprüngliche, relativ einfache Modell von John Hayes und Linda Flowers (1980) aus der amerikanischen Schreibforschung und für den deutschsprachigen Raum das auf dieser Basis weiter entwickelte, nicht zuletzt auch schreibdidaktisch akzentuierte Modell von Otto Ludwig (1983). Bei allen Unterschieden im Detail finden sich in beiden Modellen Teilprozesse, in denen der erstellte Textentwurf be- oder überarbeitet wird. Ludwig (1983) differenziert mehrere Arten von „redigierenden Aktivitäten“, bei denen zunächst zwei grundsätzlich verschiedene Arten von Bearbeitungsprozessen zu nennen sind, nämlich 1) Korrekturen (von Fehlern) und 2) Bearbeitungen. Der Unterschied besteht darin, dass Korrekturen dort gemacht werden, wo ich kategorial zwischen „richtig“ und „falsch“ unterscheiden kann, wo es also darum geht, Fehler zu korrigieren, d. h. an die Stelle des Falschen das Richtige zu setzen. Somit sind Korrekturprozesse einfache Substitutionsprozesse; „einfach“ in dem Sinn, dass die Richtig-Falsch-Dichotomie keinen Entscheidungsspielraum lässt, wobei ich natürlich wissen muss, was, gemessen an einer bestimmten Norm, „richtig“ bzw. „falsch“ ist. Solche normbezogenen Korrekturen sind dementsprechend die Korrektur von Rechtschreib- oder Grammatikfehlern, wobei die einzige wirklich kodifizierte Norm im Deutschen die Rechtschreibnorm ist – und selbst diese lässt seit der Neuregelung der deutschen Rechtschreibung zahlreiche Alternativschreibungen zu. Wie sehr aber Normen theoretisch auch zu relativieren sind, praktisch tue ich in vielen Lebenssituationen gut daran, mich normenkonform zu verhalten, zumindest dann, wenn meine Situation im jeweiligen pragmatischen Kontext nicht so ist, dass ich Normen nicht nur für mich, sondern allgemein verändern könnte. Wenn wir publizieren wollen, sind wir gut beraten, uns an die vorgegebenen Normen zu halten, uns nicht nur an dem jeweiligen Style Sheet zu orientieren, sondern auch die Rechtschreibnorm (oder eine bestimmte Variante, wie z. B. die schweizerdeutsche) konsequent einzuhalten. Das zentrale Moment oder Ziel eines (einfachen) Korrekturprozesses ist also, unseren Text in Übereinstimmung mit bestimmten (allgemeinen oder für einen bestimmten Publikationsort geforderten) Normen zu bringen.

Alle anderen Arten von redigierenden Prozessen sind Bearbeitungen und basieren nicht auf (kodifizierten) Normen, die eine einfache Richtig-Falsch-Entscheidung zu treffen erlauben, sondern sind (relative) Angemessenheitsentscheidungen, die dementsprechend komplexer und schwerer zu begründen sind. Es sind Entscheidungen der Art, dass mir etwa eine bestimmte Formulierung zwar nicht falsch erscheint, dass ich aber dennoch das Gefühl habe, sie sei in diesem (sprachlichen oder pragmatischen) Kontext nicht angemessen, ein Ausdruck sei noch nicht treffend genug, eine Formulierung könne noch präziser gefasst werden usf. Solche Entscheidungen können sich nicht einfach auf eine kodifizierte Norm berufen, dennoch lässt sich auch hier so etwas wie eine Bezugsnorm festmachen. Eine Formulierung ist nicht schlechterdings angemessen oder verfehlt, sie ist es immer im Hinblick auf etwas: 1) im Hinblick auf die Intention des Schreibers/der Schreiberin, 2) im Hinblick auf die potentiellen Leser und ihre Verstehensvoraussetzungen. Die Konfliktträchtigkeit des Versuchs, beiden Hinsichten gleichermaßen gerecht zu werden, haben wir bereits am Beispiel des „Dilemmas der Verständlichkeit" gesehen (s. o.).

Kürzen oder „Be relevant!"

Wir leiden eigentlich immer unter Begrenzungen: zu wenig Zeit, zu wenig Platz. Oder umgekehrt: zu viel Platz und zu wenig Zeit, um ihn zu füllen. Oder: Was wir alles zu sagen hätten, aber man gewährt uns zu wenig Platz. Nicht nur Zeit ist kostbar, auch die schlecht honorierte oder teuer erkaufte Zeile: 80 Zeilen oder 180 Seiten, was immer uns an Platz zur Verfügung gestellt wird, wir müssen uns damit abfinden und uns an die Vorgaben halten.

Aber ein solcher Zwang ist auch ein heilsamer: Wir lernen Weitschweifigkeit zu vermeiden, schnell zur Sache zu kommen, etwas auf den Punkt zu bringen, eben relevant zu sein. Andererseits – und das macht die Sache dann doch nicht ganz so einfach – kennen wir das Spannungsverhältnis von Relevanz und Redundanz. Ein Text ohne Redundanzen wäre kaum verständlich, ein Text mit zu vielen Redundanzen (oder „anregenden Zusätzen“) wäre überbordend und damit in seiner Strukturierung so verunklart, dass er wohl ebenfalls schwer verständlich wäre. So ungern ich „Mittelmäßigkeit“ propagiere, hier ist das richtige Mittelmaß, das nur mit Augenmaß zu finden ist, das empfehlenswerte.

Und was, wenn Kürzungen auf der Seite der sprachlichen Gestaltung nicht mehr ausreichen, wenn es an die inhaltliche Substanz geht? Dann, so leid es mir tut, muss ich auf den einen oder anderen mir lieb gewordenen Gedankengang verzichten, vielleicht etwas, was mir ursprünglich ganz zentral schien, in die Anmerkung verlagern oder mich mit einem schlichten Literaturhinweis begnügen („Wie ich an anderer Stelle gezeigt habe, …“). So kann ich meinen Text zwar durchaus entschlacken, aber irgendwo komme ich an eine Grenze, an der ich das Gefühl habe, dass das eigentlich nicht mehr der mir eigene Schreibstil ist. Aber das – die Frage nach dem Stil – ist „ein weites Feld“.

(Erstveröffentlichung unter dem Titel *„Wasch mich, aber mach mich nicht nass. Kürzen und Korrigieren“* in: Ruhl, Katrin/ Mahrt, N./ Töbel. J. (Hrsg.) (2010): Publizieren während der Promotion. Wiesbaden: VS Verlag für Sozialwissenschaften, 42-47)

Literaturverzeichnis

Abel, Th. (1953): „The operation called ‚Verstehen'". In: Feigl, H./ Brodbek, M. (Hrsg.): *Readings in the philosophy of science*; dt. in: Albert (Hrsg.): *Theorie und Realität*. Tübingen: Niemeyer, 177-188.

Abraham, Ulf/ Kepser, Matthis (2006): *Literaturdidaktik Deutsch. Eine Einführung.* Berlin: Schmidt [2., durchgesehene Auflage].

Ackermann, Irmgard/ Weinrich, Harald (1986): *Eine nicht nur deutsche Literatur. Zur Standortbestimmung der „Ausländerliteratur".* München: Piper.

Adorno, Theodor W. (1966): *Negative Dialektik.* Frankfurt/M.: Suhrkamp.

Althof, H.-J. (1978): „Trivialliteratur. Ein Beitrag zur Geschichte des Begriffs und seines Umfelds". In: *Archiv für Begriffsgeschichte. Sonderheft (1978),* 175-201.

Arens, Hiltrud (2008): *‚Kulturelle Hybridität' in der deutschen Minoriätenliteratur der achtziger Jahre.* Tübingen: Stauffenburg.

Augst, Gerhard/ Faigel, Peter (1986): *Von der Reihung zur Gestaltung. Untersuchungen zur Ontogenese der schriftsprachlichen Fähigkeiten von 13 – 23 Jahren.* Frankfurt/ Bern: Lang.

Bachmann-Medick, Doris (Hg.) (1997): *Übersetzen als Repräsentation fremder Kulturen.* Berlin: Erich Schmidt Verlag.

Baum, Michael/ Gohrbandt, Detlev (Hrsg.) (2007): *Wissenschaft der Fachdidaktik: Literatur und Sprache im Vermittlungszusammenhang*. Landau: Knecht.

Baurmann, Jürgen (2002): *Schreiben, Überarbeiten, Beurteilen. Ein Arbeitsbuch zur Schreibdidaktik.* Seelze: Friedrich.

Bavar, A. Mansour: *Aspekte der deutschsprachigen Migrationsliteratur. Die Darstellung der Einheimischen bei Alev Tekinay und Rafik Schami.* München: iudicium.

Beck, Oswald/ Hofen, Nikolas (1993): *Aufsatzunterricht Grundschule: Konkret. Unterrichtshilfen für die Praxis.* Baltmannsweiler: Schneider.

Becker-Mrotzek, Michael (2004): „Schreibkonferenzen in der Grundschule". In: Bräuer, Gerd (Hrsg.): *Schreiben(d) lernen. Ideen und Projekte für die Schule.* Hamburg, 105-119.

Becker-Mrotzek, Michael/ Böttcher, Ingrid (2006): *Schreibkompetenz entwickeln und beurteilen.* Berlin: Cornelsen Scriptor.

Bereiter, Carl (1980): „Development in Writing". In: Gregg, L.W./ Steinberg, E.R. (Hrsg.): *Cognitive Processes in Writing.* Hillsdale, N.J.: Lawrence Earlbaum, 73-93.

Betti, Emilio (1962): *Die Hermeneutik als allgemeine Methodik der Geisteswissenschaften.* Tübingen: Mohr (2. durchges. Auflage 1972).

Betti, Emilio (1967): *Allgemeine Auslegungslehre als Methodik der Geisteswissenschaften.* Tübingen: Mohr.

Bialik, W. (2005): *Die gewöhnliche Trivialität. Zu Sekundärbotschaften und zur Ideologie der En-passant-Aussagen in Heinz Günther Konsaliks später Romanproduktion.* Frankfurt.

Biere, Bernd Ulrich (1978): *Kommunikation unter Kindern. Methodische Reflexion und exemplarische Beschreibung.* Tübingen: Niemeyer.

Biere, Bernd Ulrich (1988): „'Textverarbeitung' – Leser-Text-Interaktion oder Kommunikation zwischen Lesern?" In: Oellers, Norbert (Hrsg.): *Germanistik und Deutschunterricht im Zeichen der Technologie – Selbstbestimmung und Anpassung. Vorträge des Berliner Germanistentages 1987.* Bd. 4. Tübingen: Niemeyer, 95-102.

Biere, Bernd Ulrich (1989): *Verständlich-Machen. Hermeneutische Tradition – Historische Praxis – Sprachtheoretische Begründung.* Tübingen: Niemeyer.

Biere, Bernd Ulrich (1998): „Verständlichkeit beim Gebrauch von Fachsprachen". In: *Fachsprachen. Ein internationales Handbuch zur Fachsprachenforschung und Terminologiewissenschaft.* Herausgegeben von L. Hoffmann; H. Kalverkämper; H.E. Wiegand. Berlin, New York: de Gruyter, 402-407.

Biere, Bernd Ulrich (2005): „Verständlich-Machen – Plädoyer für eine neue Einheit von Literaturwissenschaft und Linguistik". In: Merten, Stephan/ Pohl, Inge (Hrsg.): *Texte. Spielräume interpretativer Näherung. Festschrift für Gerhard Fieguth.* Landau: Knecht, 15-31.

Biere, Bernd Ulrich (2006): „Linguistische Hermeneutik und hermeneutische Linguistik". In: Ehlich, Konrad (Hrsg.):

Germanistik in und für Europa. Texte des Münchener Germanistentages 2004. Bielefeld: Aisthesis, 493-509.

Biere, Bernd Ulrich (2007a): „Fachdidaktik als Transferwissenschaft“. In: Baum, Michael / Gohrbandt, Detlev (Hrsg.): *Wissenschaft der Fachdidaktik: Literatur und Sprache im Vermittlungszusammenhang*. Landau: Knecht, 43-57.

Biere, Bernd Ulrich (2007b): „Linguistische Hermeneutik und hermeneutische Linguistik“. In: Hermanns, Fritz / Holly, Werner (Hrsg.): *Linguistische Hermeneutik. Theorie und Praxis des Verstehens und Interpretierens*. Tübingen: Niemeyer, 7-21.

Biere, Bernd Ulrich (2007c): „’Varietas delectat’ – Varietäten des Deutschen im fremdsprachlichen und muttersprachlichen Unterricht“. In: *Estudios Filológicos Alemanes. Revista del Grupo de Investigación Filología Alemana* 13, 234-256.

Biere, Bernd Ulrich (2008a): „Sprachwissenschaft als verstehende Wissenschaft“. In: *Jahrbuch des Instituts für Deutsche Sprache 2007*, Berlin: de Gruyter, 262-276.

Biere, Bernd Ulrich (2008b): „Linguistische Hermeneutik, Konstruktivismus und Dekonstruktivismus – Identität und Differenz“. In: Thurswalder, Georg (Hrsg.): *Derrida und danach?* Wiesbaden: VS Verlag für Sozialwissenschaften, 85-100.

Biere, Bernd Ulrich (2008c): „Historisch-hermeneutische Grundlagen einer verstehensorientierten Linguistik“. In: *Estudios Filológicos Alemanes. Revista del Grupo de Investigación Filología Alemana 15,* 87-101.

Biere, Bernd Ulrich (2009): „Ein Text ist kein Container. Textbedeutung und Textdeutung“. In: *Perspektiven auf Wort, Satz und Text. Semantisierungsprozesse auf unterschiedlichen Ebenen des Sprachsystems. Festschrift für Inge Pohl.* Hgg. von A. Bachmann-Stein/St. Merten/Chr. Roth. Trier: WVT Wissenschaftlicher Verlag Trier, 31-44.

Biere, Bernd Ulrich (2009): „Wissenschaft – Kunst – Leben. Ein Essay“. In: Liebert, W.-A./ Schwinn, H. (Hrsg.): *Mit Bezug auf Sprache. Festschrift für Rainer Wimmer.* Tübingen: Narr, 21-35.

Biere, Bernd Ulrich (2009): „Die Rolle des Übersetzers: Bote, Ausleger, Verständlichmacher?“. In: Cercel, Larisa (Hrsg.): *Übersetzung und Hermeneutik – Traduction et Herméneutique.* Bukarest: Zetabooks, 187-210.

Biere, Bernd Ulrich (2010): „Identität und Differenz als Grundbegriffe einer interkulturell orientierten Didaktik des Deutschen als Fremdsprache“. In: Jarillot Rodal, Christina (Hrsg.): *Bestandsaufnahme der Germanistik in Spanien. Kulturtransfer und methodologische Erneuerung.* Bern u.a: Lang, 161-170.

Biere, Bernd Ulrich (2010): „Wasch mich, aber mach mich nicht nass. Kürzen und Korrigieren“. In: Ruhl, Katrin/ Mahrt, N./ Töbel. J. (Hrsg.): *Publizieren während der Promotion.* Wiesbaden: VS Verlag für Sozialwissenschaften, 42-47.

Biere, Bernd Ulrich (2010): „’Kebab ist Kultur’. Interkulturelle Missverständnisse in einer Erzählung von Rafik Schami.“ In: *Estudios Filológicos Alemanes. Revista del Grupo Investigacion Filología Alemana* 20, 485-496.

Biere, Bernd Ulrich (2010): „Was ist trivial?" In: Arend, Helga (Hrsg.): *„Und wer bist du, der mich betrachtet?" Populäre Literatur und Kultur als ästhetische Phänomene. Festschrift für Helmut Schmiedt*. Bielefeld: Aisthesis, 263-277.

Biere, Bernd Ulrich (2014): *Deutsch. Eine Sprache - Viele Sprachen*. Brey: mykum Verlag.

Biere, Bernd Ulrich (2015): *Einheit du Vielfalt des Deutschen. Diachronie und Synchronie*. Brey: mykum Verlag.

Biere, Bernd Ulrich (2017): *Ein Europa – Viele Sprachen. Mehrsprachigkeit in Europa*. Brey: mykum Verlag.

Biere, Bernd Ulrich (2017): *Deutsch als Fremd- und Zweitsprache. Grammatik, Wortschatz, Orthographie. Mit einem Anhang zur Behandlung von Varietäten des Deutschen im DaF-Unterricht*. Brey: mykum Verlag.

Biere, Bernd Ulrich (2018): *Linguistik und Hermeneutik. Sprachtheoretische Aufsätze*. Brey: mykum Verlag.

Biere, Bernd Ulrich/ Liebert, Wolf-Andreas (Hrsg.) (1997): *Metaphern, Medien, Wissenschaft. Zur Vermittlung der Aidsforschung in Presse und Rundfunk*. Opladen: Westdeutscher Verlag.

Boeckh, August (1886): *Enzyklopädie und Methodologie der philologischen Wissenschaften*. Hrsg. von C. Bratuschek. Leipzig (repr. Darmstadt: Wissenschaftliche Buchgesellschaft, 1966).

Böttcher, Ingrid/ Becker-Mrotzek, Michael (2003): *Texte bearbeiten, bewerten und benoten*. Berlin: Cornelsen Scriptor.

Boettcher, Wolfgang et al. (1973): *Schulaufsätze. Texte für Leser.* Düsseldorf: Schwann.

Brandi, Marie-Luise/ Dommel, Hermann/ Helmling, Brigitte (1988): *Bild als Sprechanlaß. Sprechende Fotos.* München/Paris: Goethe-Institut (Projekt Didaktik und Methodik für den Unterricht Deutsch als Fremdsprache in Frankreich).

Bransford, John D. und N.S. Mc Carell (1974): „A Sketch of a Cognitive Approach to Comprehension: Some Thoughts About Understanding. What it Means to Comprehend". In: Weimer, Walter B. und David S. Palermo (Hrsg.): *Cognition and the Symbolic Processes*. Hillsdale N.J.: Erlbaum, 188-229.

Bremerich-Vos, Albert (1992): „Sprache in der Politik, reflektierte Sprachkritik und Deutschunterricht – eine Skizze". In: *Diskussion Deutsch* 115 (1992), 463-478.

Brinker, Klaus (1997): *Linguistische Textanalyse. Eine Einführung in Grundbegriffe und Methoden.* Berlin: Erich Schmidt Verlag.

Brinker, Klaus/ S. F. Sager (1989): *Linguistische Gesprächsanalyse. Eine Einführung*. Berlin: Erich Schmidt Verlag.

BROCKHAUS Literatur. Schriftsteller, Werke, Epochen, Sachbegriffe. 2., völlig neu bearbeitete Auflage. Leipzig/ Mannheim: F.A. Brockhaus GmbH.

Busse, Dietrich (1992): *Textinterpretation. Sprachtheoretische Grundlagen einer explikativen Semantik.* Opladen: Westdeutscher Verlag.

Camus, Albert (1960): „Der Mythos von Sisyphos“. In: Camus, Albert: *Der Mythos von Sisyphos. Ein Versuch über das Absurde.* Düsseldorf: Rauch, 153-158.

Chladenius, Johann Martin (1742): *Einleitung zur richtigen Auslegung vernünftiger Reden und Schriften.* Leipzig (repr. mit einer Einleitung von Lutz Geldsetzer. Düsseldorf 1969: Stern-Verlag).

Christ, Herbert (1996): „Fremdverstehen und interkulturelles Lernen“. *Zeitschrift für Interkulturellen Fremdsprachenunterricht* [Online], 1 (3), 22 pp. Elektronische Veröffentlichung in: http://www.spz.tudarmstadt.de/projekt_ejournal/jg_01_3/beitrag/christ.htm

Cicourel, Aaron V. (1974): *Methode und Messung in der Soziologie.* 2. Aufl. Frankfurt: Suhrkamp.

Clyne, Michael (1995): *The German Language in a Changing Europe*. Cambridge: Cambridge University Press.

Coseriu, Eugenio (1980): *Textlinguistik. Eine Einführung.* Hrg. und bearb. von J. Albrecht. 2. durchges. Aufl. Tübingen: Narr.

Dehn, Mechtild (2000): „Auf Texte hin von Texten aus: Zu einem Bild schreiben.“ In: *Praxis Deutsch,* H. 161, 24-28.

DUDEN (1996): *Die deutsche Rechtschreibung.* 21., völlig neu bearbeitete Auflage, Mannheim: Bibliographisches Institut.

DUDEN (2006): *Die deutsche Rechtschreibung*. 24. Auflage, Mannheim: Bibliographisches Institut.

Eco, Umberto (1985): *Semiotik und Philosophie der Sprache.* München: Fink.

Ehlich, Konrad (1981): „Native Speaker's Heritage. On Philology of 'Dead' Languages". In: Coulmas, Florian: *A Festschrift for Native Speaker.* Berlin und New York: de Gruyter, 153-168.

Ehlich, Konrad (1983): „Text und sprachliches Handeln. Die Entstehung von Texten aus dem Bedürfnis nach Überlieferung". In: Assmann, A./ Assmann, J./ Hardmeier, Ch. (Hrsg.): *Schrift und Gedächtnis.* München: Fink, 24-43.

Eigler, Gunther et al. (1990): *Wissen und Textproduzieren.* Tübingen: Narr.

El Wardy, Haimaa (2003): „'Migration in die Heimat'. Das Werk Rafik Schamis im Kontext der deutschsprachigen Literatur arabischer Schriftsteller in Deutschland". In: *TRANS. Internet-Zeitschrift für Kulturwissenschaften* 15 (2003), URL: http://www.inst.at/trans/15Nr/03_1/elwardy15.htm. Letzter Zugriff: 2.12.2009.

Engelkamp, Johannes (1984): „Sprachverstehen als Informationsverarbeitung". In: Ders. (Hrsg.): *Psychologische Aspekte des Textverstehens.* Berlin, Heidelberg, New York: Springer, 31-53.

Feilke, Helmuth (1996): "Die Entwicklung der Schreibfähigkeiten". In: Günther, H./ Ludwig, O. (Hrsg.): *Schrift und Schriftlichkeit* (Bd. 2). Berlin/ New York: de Gruyter, 1178-1191.

Fluck, Hans-Rüdiger (1992): *Didaktik der Fachsprachen. Aufgaben und Arbeitsfelder, Konzepte und Perspektiven im Arbeitsfeld Deutsch.* Tübingen: Narr.

Foraci, Franco (1995): „'Das Wort ist die letzte Freiheit, über die wir verfügen'. Ein Gespräch mit dem syrischen Erzähler und Literaten Rafik Schami. In: *Diskussion Deutsch* 26, H. 143, 190-195.

Gadamer, Hans-Georg (1965): *Wahrheit und Methode. Grundzüge einer philosophischen Hermeneutik.* 2. Aufl. Tübingen: Mohr

Groeben, Norbert (1982): *Leserpsychologie: Textverständnis – Textverständlichkeit.* Münster: Aschendorff.

Glück, Helmut/ Sauer, Wolfgang Werner (1992): "Man spricht Deutsch. German Spoken. On parle allemand. Die deutsche Spracheinheit von außen gesehen durch die inländische Brille". In: *Der Deutschunterricht*, Jg. 44, H. 6, 16-27.

Graves, Donald H. (1986): „Kinder als Autoren. Die Schreibkonferenz". In: Brügelmann, Hans (Hrsg.): *ABC und Schriftsprache. Rätsel für Kinder, Lehrer und Forscher.* Konstanz, 135-157.

Hamm, Horst (1988): *Fremdgegangen – freigeschrieben. Eine Einführung in die deutsche Gastarbeiterliteratur.* Würzburg: Königshausen + Neumann.

Hatim, Basil/ Mason, Ian (1997): *The Translator as Communicator.* London: Routledge.

Hayes, John/ Flower. Linda (1980): “Identifying the Organization of Writing Processes”. In: Gregg, L.W./ Steinberg, E.R. (Hrsg.): *Cognitive Processes in Writing.* Hillsdale, N.J.: Lawrence Earlbaum, 3-30.

Hayes, John (1996): “A new framework for understanding cognition and affect in writing”. In: Levy, C. Michael/ Ransdell, Sarah (Hrsg.): *The Science of Writing. Theories, Methods, Individual Differences, and Application.* Hillsdale, N.J., 1-27.

Henderson, Heike (2004): ”Beyond Currywurst and Döner: The Role of Food in German Multiculture Literature and Society”. In: *Glossen. A peer reviewed scholarly journal on literature and the art in the German speaking countries after 1945,* 20. URL: http://www2.dickinson.edu/glossen/heft29/index.html

Heringer, Hans Jürgen (1984): „Textverständlichkeit. Leitsätze und Leitfragen“. In: *Zeitschrift für Literaturwissenschaft und Linguistik (LiLi) 55*, 57-70.

Heringer, Hans Jürgen (2018): *Textlinguistik. Ein Arbeitsbuch.* Brey: mykum Verlag.

Hermanns, Fritz. (2003): „Linguistische Hermeneutik. Überlegungen zur überfälligen Einrichtung eines bislang in der Linguistik fehlenden Teilfaches“. In: Angelika Linke, Hanspeter Ortner, Paul R. Portmann-Tselikas (Hrsg.): *Sprache und mehr. Ansichten einer Linguistik der Praxis.* Tübingen: Niemeyer, 126-163 (= Reihe Germanistische Linguistik 245).

Hirsch, Eric D. (1970): “The Paradoxes of Perspectivism”. In: *Lebendige Form. Interpretationen zur deutschen*

Literatur. Festschrift für H.E.K. Henel. Hgg. von Sammons, J.L. und E. Schürer. München: Fink, 15-20.

Hirsch, Eric D. (1972): *Prinzipien der Interpretation.* München: Fink.

Klein, Josef (1991): „Kann man Begriffe besetzen?" In: Liedke, Frank/ Wengeler, Martin/ Böke, Karin (Hrsg.): *Begriffe besetzen. Strategien des Sprachgebrauchs in der Politik.* Opladen: Westdeutscher Verlag, 44-69.

Klein, Josef/ Fix, Ulla (Hrsg.) (1997): *Textbeziehungen. Linguistische und literaturwissenschaftliche Beiträge zur Intertextualität.* Tübingen: Niemeyer.

Knapp, Karlfried (2004): „Interkulturelle Kommunikation". In: Knapp, Karlfried et al. (Hrsg.): *Angewandte Linguistik. Ein Lehrbuch.* Tübingen/ Basel: Francke, 409-430.

Krings, Hans P. (1986): *Was in den Köpfen von Übersetzern vorgeht. Eine empirische Untersuchung zur Struktur des Übersetzungsprozesses an fortgeschrittenen Französischlernern.* Tübingen: Narr.

Krings, Hans Peter (1992): „Empirische Untersuchungen zu fremdsprachlichen Schreibprozessen. Ein Forschungsüberblick". In: Börner, W./Vogel, K. (Hrsg.): *Schreiben in der Fremdsprache. Prozeß und Text, Lehren und Lernen.* Bochum: AKS-Verlag, 47-77.

Krumm, Hans-Jürgen (Hrsg.) (1999): *Erfahrungen beim Schreiben in der Fremdsprache Deutsch. Untersuchungen zum Schreibprozess und zur Schreibförderung im Unterricht mit Studierenden.* Wien: Studienverlag.

Kupsch-Losereit, Sigrid (1996): „Kognitive Verstehensprozesse beim Übersetzen". In: Lauer, Angelika et al. (Hg.): *Übersetzungswissenschaft im Umbruch.* Festschrift für Wolfram Wilss zum 70. Geburtstag. Tübingen: Narr, 217-228.

Lakoff, George, und Mark Johnson (1980): *Metaphors we live by*. Chicago: University of Chicago Press.
Langenbucher, Werner (1964): *Der aktuelle Unterhaltungsroman. Beiträge zu Geschichte und Theorie der massenhaft verbreiteten Literatur.* Bonn 1964.

Langenbucher, Werner (1989): „Grenzen (fernseh)mediatisierter Politik". In: Böckelmann, Frank E. (Hrsg.): *Medienmacht und Politik. Mediatisierte Politik und politischer Wertewandel.* Berlin, 87-96.

Lieber, Maria/ Posset, Jürgen (Hrsg.) (1988): *Texte schreiben im Germanistik-Studium.* München: iudicium.

Liebert, Wolf-Andreas (2003): „Verständigung in der Vielfalt. Eine Erörterung über Differenz als Grundlage menschlicher Kommunikation". In: Wächter, Hartmut/ Vedder, Gunther / Führing, Meik (Hrsg.): *Personelle Vielfalt in Organisationen.* München u. Mering: Rainer Hampp Verlag: 29-44.

Luchtenberg, Sigrid (1988): „Varietäten des Deutschen und ihre Bedeutung für ausländische Deutschlerner und –lernerinnen". In: *Zielsprache Deutsch,* H. 1, 19-26.

Ludwig, Otto (1983): „Einige Gedanken zu einer Theorie des Schreibens". In: Grosse, Siegfried (Hrsg.): *Schriftsprachlichkeit.* Düsseldorf: Schwann, 37-73.

Ludwig, Otto (1988): *Der Schulaufsatz. Seine Geschichte in Deutschland.* Berlin: de Gruyter.

Lübbe, Hermann (1982): „Der Streit um Worte. Sprache und Politik." In: Heringer, Hans Jürgen (Hrsg.) (1982): *Holzfeuer im hölzernen Ofen. Aufsätze zur politischen Sprachkritik.* Tübingen: Narr, 48-69.

Merz-Grötsch, Jasmin (2000): *Schreibforschung und Schreibdidaktik. Ein Überblick.* Bd. 1. Freiburg: Fillibach.

Muhr, Rolf (1993): „Österreichisch – Bundesdeutsch – Schweizerisch. Zur Didaktik des Deutschen als plurizentrische Sprache". In: Muhr, R. (Hrsg.): *Internationale Arbeiten zum österreichischen Deutsch und seinen nachbarschaftlichen Bezügen.* Wien: Hökler-Pichler-Tempsky, 1993, 108-123.

Nabrings, Kirsten (1981): *Sprachliche Varietäten.* Tübingen: Narr.

Necknig, Andreas Thomas (2012): *Schreibkonferenz versus traditionelle Aufsatzdidaktik. Eine empirische Untersuchung.* Hamburg: Verlag Dr. Kovac

.

Neuland, Eva, „Norm und Variation als Lernchance am Beispiel von Standard und Jugendsprache". In: *Germanistentreffen. Tagungsbeiträge Deutschland – Indonesien –Philippinen – Taiwan – Thailand – Vietnam.* Herausgegeben vom DAAD. Bonn: DAAD, 2000, 229-242.

Nusser, Peter (!991): *Trivialliteratur.* Stuttgart.

Payrhuber, Josef (1991): *Schreiben lernen. Aufsatzunterricht in der Grundschule.* Baltmannsweiler: Schneider.

Peirce, Charles S. (1965): *Collected Papers of Charles Sanders Peirce,* ed. by Charles Hartshorne and Paul Weiss and Arthur W. Burks. Vol. 1-8. Cambridge, Mass.: Belknap Press.

Portmann, Paul R. (1991): *Schreiben und Lernen. Grundlagen der fremdsprachlichen Schreibdidaktik.* Tübingen: Niemeyer.

Pütz, Peter (2004): *Wiederholung als ästhetisches Prinzip.* Bielefeld: Aisthesis.

Rathje, Stefanie (2006): „Interkulturelle Kompetenz – Zustand und Zukunft eines umstrittenen Konzepts". In: *Zeitschrift für Interkulturellen Fremdsprachenunterricht* [Online], 11 (3), 21 pp. Elektronische Veröffentlichung in: http://www.spz.tu-darmstadt.de/projekt_ejournal/jg_11_3/beitrag/rathje.htm

Reeg, Ulrike (1988): *Schreiben in der Fremde. Literatur nationaler Minderheiten in der Bundesrepublik Deutschland.* Essen: Klartext Verlag.

Rösch, Heidi (1992): *Migrationsliteratur im interkulturellen Kontext. Eine didaktische Studie zur Literatur von Aras Ören, Aysel Özakin, Franco Bondi und Rafik Schami.* Frankfurt/M.: Verlag für Interkulturelle Kommunikation.

Ross, Charles V. J. (1992): „Variation im Deutschen: die Perspektive der Auslandsgermanistik". In: *Der Deutschunterricht,* Jg. 44, H. 4, 5-15.

Sarcinelli, Ulrich (1987): *Symbolische Politik. Zur Bedeutung symbolischen Handlens in der Wahlkampfkommunikation der Bundesrepublik Deutschland.* Opladen: Westdeutscher Verlag.

Sarcinelli, Ulrich (1989): „Mediatisierung und Wertewandel, Politik zwischen Entscheidungsprozess und politischer Regiekunst“. In: Böckelmann, Frank E. (Hrsg.): *Medienmacht und Politik. Mediatisierte Politik und politischer Wertewandel.* Berlin, 165-174.

Schleiermacher, Friedrich D. (1977): *Hermeneutik und Kritik.* Herausgegeben und eingeleitet von Manfred Frank. Frankfurt: Suhrkamp.

Schleiermacher, Friedrich D. (1977 [1942]): *Dialektik.* Im Auftrag der Preußischen Akademie der Wissenschaften aufgrund bisher unveröffentlichten Materials hrsg. von R. Odebrecht. Leipzig. Auszugsweise in: Schleiermacher, F.D. (1977), 412-467.

Schlobinski, Peter/ Kohl, Gabi/ Ludewigt, Irmgard (1993): *Jugendsprache. Fiktion und Wirklichkeit.* Opladen: Westdeutscher Verlag.

Schulte-Sasse, J. (1971): *Die Kritik an der Trivialliteratur seit der Aufklärung. Studien zur Geschichte des modernen Kitschbegriffs.* München.

Sennlaub, Gerhard (1980): *Spaß beim Schreiben oder Aufsatzerziehung.* Stuttgart: Kohlhammer.

Spinner, Kaspar (1976): „Das vergällte Lesevergnügen. Zur Didaktik der Unterhaltungsliteratur“. In: *Unterhaltungsliteratur. Zu ihrer Theorie und Verteidigung.* Hrsg. von J. Hienger. Göttingen, 98-116.

Spitta, Gudrun (1992): *Schreibkonferenzen in Klasse 3 und 4. Ein Weg vom spontanen Schreiben zum bewussten Verfassen von Texten.* Frankfurt/M.: Cornelsen Scriptor.

Steinig, Wolfgang/ Huneke, Hans-Werner (2004): *Sprachdidaktik Deutsch. Eine Einführung.* Berlin: Schmidt [2., überarbeitete und erweiterte Auflage].

Stötzel, Georg (1982): „Konkurrierender Sprachgebrauch in der Presse". In: Heringer, Hans Jürgen (Hrsg.): *Holzfeuer im hölzernen Ofen. Aufsätze zur politischen Sprachkritik.* Tübingen: Narr, 277-289.

Takahshi, Hideaki (2000): „Verschiedene Varietäten des Deutschen und deren Beziehung zum Unterricht Deutsch als Fremdsprache". In: *Zeitschrift für Angewandte Linguistik (ZfAL)*, H. 32, 19-33.

Ueding, G. (1973): *Elend. Versuch über Kitsch und Kolportage.* Frankfurt/M.: Suhrkamp.

Wiesinger, Peter (1997): „Sprachliche Varietäten – Gestern und heute". In: Stickel, G. (Hrsg.): *Varietäten des Deutschen. Regional- und Umgangssprachen.* Berlin/ New York: de Gruyter, 9-45.

Wild, Bettina (2006): *Rafik Schami.* München: Deutscher Taschenbuchverlag (dtv portrait).

Wittgenstein, Ludwig (1967): *Philosophische Untersuchungen.* Frankfurt/M.: Suhrkamp.

Wright, Georg H. von (1974): *Erklären und Verstehen.* Frankfurt/M.: Athenäum.

Zint-Dyhr, Ingeborg/ Colliander, Peter (2006): „Auslandsgermanistik – Inlandsgermanistik. Interferenz - Disjunktivität – Komplementarität“. In: *Deutsch als Fremdsprache. Zeitschrift zur Theorie und Praxis des Deutschunterrichts für Ausländer* 43 (1), 7-13.

In der Grünen Reihe ‚Sprachwissen' sind zuletzt erschienen:

Sprachwissen 5

Biere, Bernd U.: Linguistik und Hermeneutik. Sprachtheoretische Aufsätze. Brey: mykum 2018, 224 S.; 14,80 €. ISBN: 978-39819884-5-1

Sprachwissen 4 (Neuauflage)

Biere, Bernd U.: Deutsch als Fremd- und Zweitsprache. Grammatik – Wortschatz - Orthographie. Mit einem Anhang zur Behandlung von Varietäten des Deutschen im DaF-Unterricht. Brey: mykum 2017, 136 S.; 9,80 €. ISBN: 978-3-9818173-6-2

Sprachwissen 2 (Neuauflage)

Biere, Bernd U.: Ein Europa -Viele Sprachen. Mehrsprachigkeit in Europa. Brey: mykum 2017, 96 S.; 8,90 €. ISBN: 978-3-9818173-1-7

Autorinnen und Autoren, die zur Fortführung der Grünen Reihe ‚Sprachwissen' beitragen möchten, sind willkommen.

mykum Verlag
Auf der Bornau 29
56321 Brey
GERMANY

info@mykumverlag.de